每天懂一点

成功概率学

[日] 野口哲典 ● 著

张珊 ● 译

湖南文艺出版社
HUNAN LITERATURE AND ART PUBLISHING HOUSE

博集天卷
CS-BOOKY

图书在版编目（CIP）数据

每天懂一点成功概率学 / （日）野口哲典著；张珊译 .
一 长沙：湖南文艺出版社，2013.6
ISBN 978-7-5404-6217-8

Ⅰ . ①每… Ⅱ . ①野… ②张… Ⅲ . ①成功心理－通俗读物
Ⅳ . ① B848.4-49
中国版本图书馆 CIP 数据核字 (2013) 第 103867 号

著作权合同登记号：18-2013-102

上架建议：心理学 · 时尚读物

SHITTE TOKUSURU KAKURITSU NO CHISHIKI ⓒ 2006 by Tetsunori Noguchi
Original Japanese edition published by SOFTBANK Creative Corp.
Simplified Chinese Character rights arranged with SOFTBANK Creative Corp.,
through Owls Agency Inc. and Beijing GW Culture Communications Co., Ltd.

每天懂一点成功概率学

著　　者 :（日）野口哲典
译　　者 : 张　珊
出 版 人 : 刘清华
责任编辑 : 薛　健　刘诗哲
监　　制 : 蔡明菲　潘　良
策划编辑 : 李彩萍
版权支持 : 文赛峰
封面设计 : 面　团
版式设计 : 张丽娜
出版发行 : 湖南文艺出版社
（ 长沙市雨花区东二环一段 508 号 邮编：410014 ）
网　址 : www.hnwy.net
印　刷 : 北京京都六环印刷厂
经　销 : 新华书店
开　本 : 880mm × 1230mm 1/32
字　数 : 160 千字
印　张 : 6.5
版　次 : 2013 年 6 月第 1 版
印　次 : 2013 年 6 月第 1 次印刷
书　号 : ISBN 978-7-5404-6217-8
定　价 : 29.80 元
（若有质量问题，请致电质量监督电话：010-84409925）

前　言

成功的法则能从理论上进行解释吗？

去书店逛一圈，你会发现有关成功法则的书籍简直多到泛滥的地步，这也许是因为现在渴望成功的人太多的缘故吧。

其实，成功的法则本身没什么复杂的。本书的第二章将讲述成功的窍门，但归结起来，成功的要点只有三个，即：

· 确定目标

· 向着目标努力

· 失败后不放弃，继续努力

本书将从概率学的角度出发阐述成功的法则。在通往成功的道路上，我们绝不能缺少概率学知识；在经济和社会生活中处处能用到概率学知识；就连应聘、面试、谈恋爱、结婚、生子和买彩票等也都会涉及概率学知识。

也许提到"概率学"，你会感觉它专业性太强，难以理解。关于这一点请你放心，我会用最简单的语言和最生动有趣的例子给你解释。即使你上学的时候数学没学好，也一样学得会我的"成功概率学"。

此外，你知道吗？在概率学发展的过程中，赌博竟然起到了相当大的推动作用。

17世纪时，法国有一位嗜赌成性的贵族，名叫默勒。有一次，他和宫廷侍卫在掷骰子赌博时发生了分歧，于是便向好朋友——数学家帕斯卡请教解决的办法。帕斯卡通过书信与另一位数学家费马进行研究，最终解决了默勒在赌博中遇到的问题。

没想到这么一桩小事却成为概率学大发展的开端。

此后，概率学知识不仅在赌博中得到了广泛应用，与我们的日常生活也产生了紧密联系。甚至可以说，概率学知识是数学学科中与我们的生活联系最为紧密的领域。

掌握概率学的基础知识还有助于我们透过现象看清事物的本质。例如，以前你觉得纯属偶然的事件，现在就会用概率学的理论加以解释。反之，以前你一直深信不疑的事情，也许现在却发现那只是一种错觉。

在本书中，我反复要强调的一点就是：想要成功绝对离不开概率学知识。

如上所述，本书将从概率学的角度分析成功的法则，为渴望获得成功的读者找出一条通向成功的"捷径"。从这个角度讲，我首先推荐大家阅读第二章——成功是有窍门的。

当然，如果你想先复习一下概率学的基础知识，可以从第一章开始读起。我尽量使用通俗易懂的语言为大家进行讲解。即使你没有概率学的基础知识，同样可以轻松掌握。

如果你已经掌握了概率学的基础知识，想尽快把它应用于实践，那就直接从第二章开始读起吧。

第三章将讲述概率学知识的具体应用。读过这一章，你一定会惊讶于概率学知识的应用范围之广。你会发现身边竟然有这么多地方都在使用概率学，而自己以前从未注意到。

第四章将回到概率学的"老本行"，讲述它在彩票和赌博中的应用。

你一定听说过或亲身经历过一些偶然事件或奇迹乃至一些超自然现象。在第五章中，我将运用概率学知识为你揭开它们神秘的面纱。

编写本书时，我不仅运用了科学的思维方式，屏除了主观的推理和没有根据的猜测，还以理论为基础用宽阔的视野观察和分析问题。相信本书一定会为你的工作和生活带来一定的帮助。

读完本书后，你将具备成功的"理论武器"，接下来要做的就是给自己确定一个目标，然后满怀自信朝着目标的方向努力！

在通往成功的道路上，难免会遭遇失败和挫折。不要放弃！只要坚持下去，尤其是在感觉已经筋疲力尽的时候，咬紧牙关再挺一下，前面的道路就会豁然开朗起来！

野口哲典

每天懂一点・成功概率学

知ってトクする確率の知識

目录

CONTENTS

第一章 概率的基础知识

实例讲解概率的基础知识，为成功做好充分准备！

第二章 成功是有窍门的

全方位揭秘成功的概率法则，找出通向成功的"捷径"。

第三章 利用概率战略取得成功

生动讲述日常生活中的概率应用，助你处处都有十足胜算！

第四章 概率学知识助您"赌场得意"

深度揭示彩票和赌博中的概率知识，让好运接连降临到你头上！

第五章 偶然的一致，没什么不可思议的

揭开偶然事件、奇迹乃至超自然现象的神秘面纱，教你成功避开所有骗局陷阱！

参考文献

第一章
概率的基础知识

在本章中，我将从概率学的角度阐述成功法则的真正含义。为此，我们首先必须了解概率学的基础知识，这也是成功人士必备的基础知识。我将以浅显易懂的文字和生动有趣的实例讲述概率的定义。

　　所谓概率，讲得通俗一点，就是出现某种结果的可能性，例如中彩票的概率。或者说，将出现某种结果的可能性用数字表示出来就是概率。

　　例如，每10张彩票中，有1张中奖，那么中奖的概率就是1/10。又比如，当大家意见不统一时，我们经常用抛硬币的方法做决定。抛硬币的结果不是正面就是反面，只有这两种可能，因此出现正面或反面的概率都为1/2。同理，掷骰子时，1~6各个点数出现的概率都是1/6。

　　概率的计算公式如下一页所示。

　　不过，运用这个公式计算概率时必须满足一个前提条件，那便是在做一件事时，出现一个结果的同时，不可能出现其他结果，而且所有结果出现的概率必须相同。

　　什么叫"出现一个结果的同时，不可能出现其他结果"呢？以抛硬币为例，硬币落地后，不可能同时出现正面和反面，只能有一个结果，即正面或反面。那么，什么叫"所有结果出现的概率必须相同"呢？还是以抛硬币为例，结果是正面或反面的可能性均等，不会偏向任何一面。

概率的基础知识 **概率的计算公式**

$$概率 = \frac{出现某种结果的数量}{出现所有结果的数量}$$

※运用这个公式计算概率时必须满足一个前提条件，那便是在做一件事时，出现一个结果的同时，不可能出现其他结果，而且所有结果出现的概率必须相同。

掷骰子时出现3点的概率是多少？

6种结果中的1种

因为3点是6种结果中的1种，所以，

$$3点出现的概率 = 1 \div 6 = \frac{1}{6}$$

掷骰子时出现奇数点数的概率是多少？

6种结果中的3种

奇数点数为1、3、5，它们是6种结果中的3种，因此，

$$奇数点数出现的概率 = 3 \div 6 = \frac{3}{6} = \frac{1}{2}$$

我们掷一次骰子，出现1点只是偶然，因为接下来出现什么点数谁都无法准确预测。因此，所谓偶然就是无法预测时出现的结果。

若如此，要说世上所有事情都是偶然的也不为过，因为谁也不能100%准确预测出未来。

不过，就像掷骰子一样，乍看来是偶然的，实则存在一定的规则。例如，如果多次掷骰子，平均每6次就会出现1次1点，这就是：

"概率"

掷骰子时，出现什么点数都是偶然的，因为谁也无法预测。即使如你所愿掷出了想要的点数，这也不过是巧合罢了。不过，1~6中任何一个点数，平均掷6次骰子就会出现1次。也就是说，每个点数出现的概率都为1/6。

此外，我们一般所说的概率，就像抛硬币和掷骰子一样，必须在相同的条件下反复尝试多次才能统计出来。这与统计棒球运动员的"打击率"一样，要通过大量的数据积累后才能计算出来。

抛2次硬币就一定能出现正面吗

　　有人以为，中奖率是1/10的彩票，只要买10张就肯定有1张能中奖，这种想法是错误的。因此，买了10张后没有中奖，也不要抱怨："还说什么中奖率1/10，都是骗人的！压根就没有1张能中奖。"

　　中奖概率为1/10，并不是说买10张彩票肯定有1张会中奖，而是说平均每10张中有1张中奖。

　　再比如，抛硬币时出现正面的概率为1/2，抛几次试试你就知道，并不是每抛2次肯定有1次会出现正面。有时，连续2次都会出现反面。其实，连续10次出现反面也不足为怪。

　　也就是说，即使概率为1/2，也不能说尝试2次就肯定有1次会出现预想的结果。拿抛硬币来说，将若干次的结果平均后才会得到每2次出现1次正面或反面的概率。

**概率的
基础知识**　**抛2次硬币会出现什么样的结果？**

抛2次硬币，并不能保证一定出现正面或反面。

正　反　　反　正

正　反　　正　反

那么，概率为1/2意味着什么呢？抛硬币时，出现正面的概率为1/2，这个概率是指：

"数学概率"

所谓数学概率，就是理论上计算出来的概率。例如，抛硬币时，只有正面和反面两种结果，因此正面出现的概率就是1/2。

另一方面，我们反复抛硬币，根据实际结果计算出的概率则叫作：

"统计概率"

所谓统计概率，就是根据实际结果计算出来的概率。例如，我们抛10次硬币，其中3次为正面，7次为反面，那么正面出现的概率就为3/10。

不过，在刚才的例子中我们只抛了10次硬币，由于尝试的次数比较少，根据结果得出的概率偏差会比较大。然而，随着抛硬币次数的增加，根据结果得出的正面出现的概率会无限接近1/2。也就是说，抛硬币的次数越多，根据结果得到的"统计概率"越接近理论上计算出来的"数学概率"。

这种"尝试的次数越多，统计概率越接近数学概率"的规律，被叫作：

"大数法则"

如果先有理论上计算出的数学概率，然后经过反复多次的实验，得到的统计概率也会无限接近数学概率，这就是大数法则。

由此可见，如果说概率为1/2，那就意味着经过多次尝试，最终平均下来大体相当于每2次会出现1次。

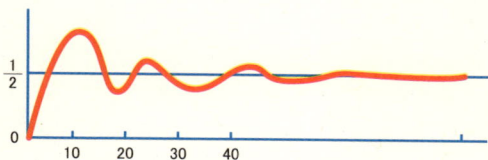

概率的 **基础知识**

大数法则

数学概率→理论上计算出来的概率
统计概率→反复实验，根据实验结果得到的概率

统计概率 接近 **数学概率**

大数法则→实验次数越多，统计概率越接近数学概率

　　抛硬币的时候，有时很"邪门"，会连续好多次出现同一面。比如，接连出现10次正面，你遇到过类似的情况吗？此时，你会做何感想？很多人都会觉得都连续出现那么多次正面了，应该马上就会出现反面。他们认为接下来出现反面的概率要高于出现正面的概率，其实这种想法是错误的。

　　有一种名叫"老虎机"的赌博机，有时连续1000多次都没有大奖出现。很多人会想应该马上就要出大奖了。因此，很多人去玩老虎机时，会专挑别人玩过很多次都没中奖的机器。其实，这种想法也是没有根据的。

　　那么，人为什么会产生这样的想法呢？一提到概率为1/2，人总觉得平均每2次就应该出现1次，因此当连续偏向某一方的时候，人自然而然地就会认为应该对偏差进行一些修正。

　　这种想法本身并没有错。不过，当连续抛10次硬币都出现正面时，就认为硬币有记忆力，会记住前10次都是正面，然后就该自然出现反面以修正偏差，这是不可能的事情。硬币不可能有记忆力，也不会记住前面的结果，更不会有意识地对偏差进行修正。

　　因此，只要我们抛的是普通硬币，而非做过手脚会偏向某一面的硬币，那么即使连续好多次出现正面，正面出现的概率依然是1/2。硬币正面或反面出现的概率永远是1/2，绝不会在某段时间突然变成2/3或1/3等。

概率的基础知识　概率在何时何处进行修正

　　根据大数法则，在不断反复尝试的过程中，统计概率最终会越来越接近数学概率。因此，对于出现的偏差，肯定会在某个地方进行修正。

　　比如，抛硬币时，如果起初出现正面的次数比较多，这就出现了偏差。为了修正这一偏差，在以后抛硬币的过程中，反面出现的次数肯定要增加一些，从而弥补前面少出现的次数。

　　这个假设本身不存在问题。从最终的结果来看，如果不在某个地方进行修正，最后的统计概率将无法接近数学概率。

　　不过，这个问题的关键在于这个修正偏差的过程会在何时何处出现，其实谁都无从知晓。

　　根据大数法则，我们已经知道只要无限次反复尝试，统计概率就会无限接近数学概率。不过，我们无法预测统计概率会在何时接近数学概率，也无从知道概率偏差的修正会出现在何处。

　　我们只是根据后面实验的记录，才总结出前面的结果。就像我反复强调的那样，在这个过程中，概率是一定的，绝不会发生任何改变。

　　因此，我们知道了概率，只是大体了解了出现某种结果的可能性，并不能就此准确地预测今后发生的事情。

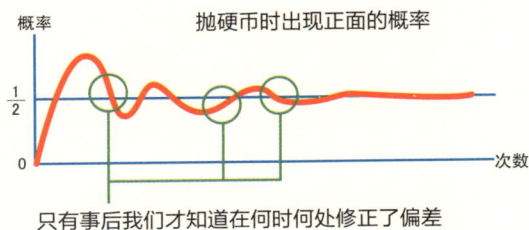

概率的
基础知识

无法预测修正何时何处发生

根据大数法则，只要不断反复进行实验，
统计概率就会越来越接近数学概率

抛硬币时，如果开始时反面出现的次数比较多

那么，在某时某处就应该多出现正面

不过，我们并不知道偏差的修正到底在何时何处出现

因此，即使我们知道概率，也不能准确预测未来发生的事情

概率

抛硬币时出现正面的概率

$\frac{1}{2}$

0

次数

只有事后我们才知道在何时何处修正了偏差

至于偏差是在何处得到修正的，只有事后我们看到结果才能知道。

[例题]

小王要租录像带看，他一共找到5盘自己喜欢的电影，其中外国电影3盘，国产电影2盘。可是，每次只能借1盘录像带，那么请问：小王一共有几种借法？

外国电影3盘+国产电影2盘=5种借法

一共有5种借法。你也许会说："这也太简单了吧。"可是，你知道吗？这是一个当各种情况不能同时出现时求一共有多少种情况的问题。这样的问题看似简单，却是概率学的基础。

各种情况的数量合计起来，就叫作：

"情况数"

再比如，当我们掷一个骰子时，若想求出3点和偶数点数出现的概率，首先应该知道一共会出现多少种情况，即一共会出现几种点数。骰子一共有6个面，分别是1~6六种点数，因此一共有6种情况。然后，再算出要求的情况总数。3点是1种情况，而偶数点数有2、4、6，一共3种情况。因此，3点和偶数点数一共有：

$$1+3=4种$$

因此，当我们掷一个骰子时，3点和偶数点数出现的概率是全部6种情况中的4种，即4/6=2/3。此时，我们必须注意一个前提，那就是3点和任何一个偶数点数不可能同时出现。

如上所示，不可能同时发生的情况总数，可以用加法计算，这就是：

"和法则"

概率的基础知识　**情况数**

情况数

→当各种情况不可能同时发生时，情况数量的总和。

喜欢的外国电影录像带有3盘，国产电影录像带有2盘。如果每次只能借1盘，一共有几种借法？

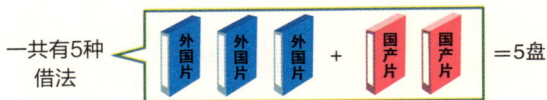

一共有5种借法

外国片　外国片　外国片　＋　国产片　国产片　＝5盘

外国电影有3种借法 ＋ 国产电影有2种借法 ＝
一共有5种借法

和法则

和法则

→不可能同时出现的各种情况的总数，可以用加法计算。

掷1个骰子时，3点和偶数点数出现的概率是多少？

出现3点为1种情况，出现偶数点数2、4、6为3种情况，因此，出现3点和偶数点数的情况数为：

$$1+3=4种$$

那么，3点和偶数点数出现的概率是多少？

=4种

=6种

因为是全部6种情况中的4种，所以，

$$\frac{4}{6}=\frac{2}{3}$$

当我们掷一个骰子时，3点和偶数点数出现的概率还能用以下方法求得。3点出现的概率为1/6，偶数点数出现的概率为3/6，因此，3点和偶数点数出现的概率为：

$$\frac{1}{6} + \frac{3}{6} = \frac{4}{6} = \frac{2}{3}$$

同理，在扑克牌中除去大小王牌还剩52张牌。假设每次只能抽1张牌，那么抽到A、J、Q和K的概率是多少？计算方法如下：

$$\frac{4}{52} + \frac{12}{52} = \frac{16}{52} = \frac{4}{13}$$

如上述例子所示，当各种情况不可能同时发生时，其中几种情况出现的概率可以通过每种情况出现的概率相加得到，这就是：

"加法定理"

加法定理同样有一个前提，那就是各种情况不可能同时发生。

概率的基础知识 **加法定理**

加法定理

→当各种情况不可能同时发生时，其中几种情况出现的概率可以通过每种情况出现的概率相加得到。

当我们掷一个骰子时，3点和偶数点数出现的概率是多少？

$$\frac{\text{骰}}{\text{骰骰骰骰骰骰}} + \frac{\text{骰骰骰}}{\text{骰骰骰骰骰骰}} = \frac{1}{6} + \frac{3}{6} = \frac{4}{6} = \frac{2}{3}$$

在扑克牌中除去大小王牌还剩52张牌，假设每次只能抽1张牌，那么抽到A、J、Q和K的概率是多少？

$$\frac{\text{牌}}{\text{牌}52} + \frac{\text{牌}}{\text{牌}52} = \frac{4}{52} + \frac{12}{52} = \frac{16}{52} = \frac{4}{13}$$

概率之和总是1吗

[例题]

当我们掷一个骰子的时候，6点出现的概率为1/6，那么， 6点以外的其他点数出现的概率是多少？

掷一个骰子时，除了6点外，还有1～5共5个点数，因此6点以外的其他点数出现的概率为5/6。

从中我们可以发现一个问题，掷一个骰子时，6点出现的概率为1/6，6点以外的其他点数出现的概率为5/6，那么将6点和其他点数出现的概率相加会有什么样的结果呢？

$$\frac{1}{6} + \frac{5}{6} = 1$$

由此可见，概率的总和肯定是1。这一规律对概率的计算有很大的帮助。为什么这么说呢？比如，掷一个骰子时，如果知道6点出现的概率为1/6，6点以外的其他点数出现的概率还可以通过以下方法进行计算。

1 −（6点出现的概率） ＝ 6点以外其他点数出现的概率

$$1 - \quad \frac{1}{6} \quad = \quad \frac{5}{6}$$

概率的总和一定是1，那么，1减去概率A后得到的就是不发生A的概率。因此可以得出以下公式：

[概率A] + [不发生A的概率] = 1
[概率A] = 1 − [不发生A的概率]

概率的基础知识 **概率的总和一定是1**

概率的总和一定是1。

[概率A] + [不发生A的概率] = 1
[概率A] = 1 − [不发生A的概率]

掷一个骰子时，6点以外的其他点数出现的概率为：

$$1 - \frac{1}{6} = \frac{5}{6}$$

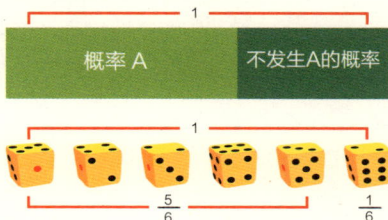

概率 A　　不发生A的概率

$$\frac{5}{6}$$　　$$\frac{1}{6}$$

假如有一种中奖率为1/10的彩票，买这种彩票时不中奖的概率为：

$$1 - \frac{1}{10} = \frac{9}{10}$$

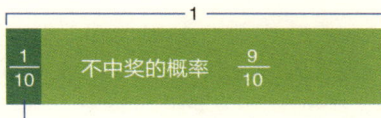

$$\frac{1}{10}$$　不中奖的概率　$$\frac{9}{10}$$

[例题]

生男孩儿和生女孩儿的概率都是1/2。假设只生2个孩子，2个孩子都是女孩儿的概率是多少？

　　有人认为这个问题很简单。2个孩子的性别组合有"男男""男女"和"女女"3种，因此生出2个女孩儿的概率就是1/3。其实，这个答案是错误的。你发现问题出在哪儿了吗？问题就在于漏掉了一种性别组合。

　　如果2个孩子是一男一女，性别组合中应该有"兄妹"和"姐弟"之分。因此，除了前面说到的"男男""男女"和"女女"外，还应有1种，那便是"女男"。

　　具体而言，这4种性别组合分别为"兄弟""兄妹""姐弟"和"姐妹"，即一共有4种。那么，生2个孩子都是女孩儿的概率就应该为1/4。

　　上述问题用图形表示后就非常简单明了，这种图叫作：

"树形图"

树形图

生男孩儿和生女孩儿的概率都是1/2。假设只生2个孩子，2个孩子都是女孩儿的概率是多少？

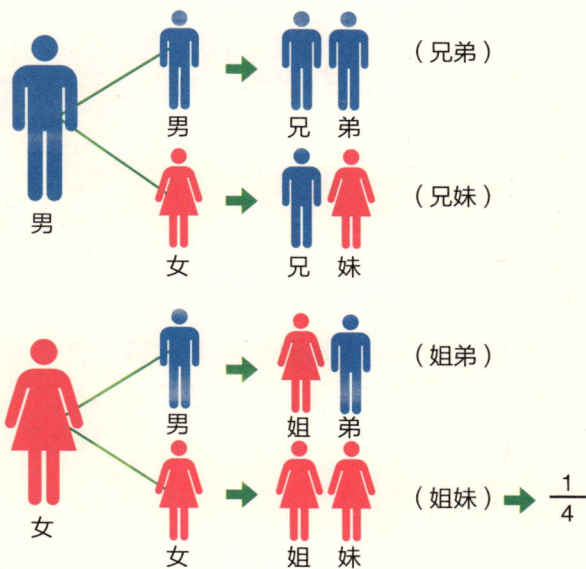

因此，生2个孩子都是女孩儿的概率为1/4。

概率的基础知识 生3个孩子都是女孩儿的概率是多少

从前一页的树形图中，我们可以得出以下结论。生第一个孩子时，有2种可能，即不是男孩儿就是女孩儿。生第二个孩子时，又有2种可能。那么，把2个孩子的性别组合起来，一共有几种可能呢？有一种非常简单的计算方法，这种方法便是：

“积法则”

生2个孩子的性别组合共有：

2 × 2 = 4种

一般来说，A事件有a种可能，对于a种可能中的每一种，B事件又有b种可能，那么A、B双方都发生的概率为a × b。

如果想知道生3个孩子的性别组合总数，利用积法则很容易就可以计算出来。生3个孩子的性别组合总数为：

2 × 2 × 2 = 8种

因此，生3个孩子都是女孩儿的概率为1/8。

概率的计算公式

概率的基础知识

积法则

→A事件有a种可能，对于a种可能中的每一种，B事件又有b种可能。那么，A、B双方都发生的概率为a×b。

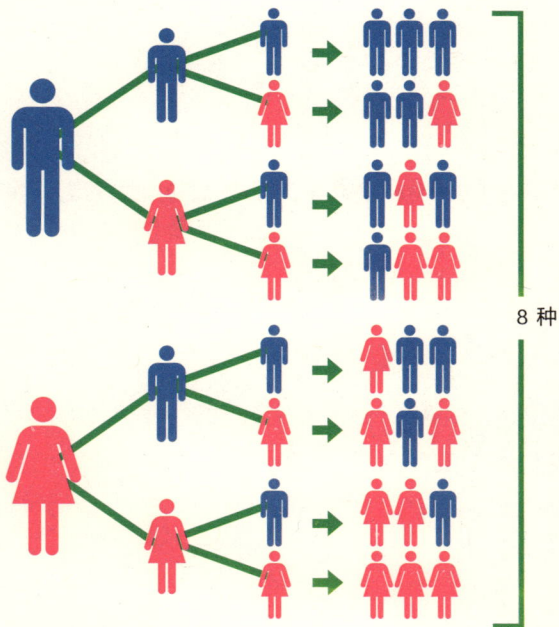

8 种

$2 \times 2 \times 2 = 8$ 种

　　只生2个孩子，求2个孩子都是女孩儿的概率时，还可以用以下方法进行计算。

　　生第一个孩子时，生出女孩儿的概率为1/2。生第二个孩子时，生出女孩儿的概率也是1/2。因此，2个孩子都是女孩儿的概率就是：

$$\frac{1}{2} \times \frac{1}{2} = \frac{1}{4}$$

　　像这样，当出现的各种情况相互独立又互不影响时，"出现A的同时也出现B的概率"可以用出现A的概率与出现B的概率相乘求得。这就是：

"乘法定理"

　　在这个例子中，生第一个孩子与生第二个孩子之间没有任何联系。第一个孩子的性别不会影响到第二个孩子的性别，反之亦然。因此，这两者之间是相互独立又互不影响的。

　　有了乘法定理，下面的问题就很容易解决了。

[例题]

假如我们同时掷2个骰子，2个骰子同时出现1点的概率是多少？

1个骰子出现1点的概率是1/6，2个骰子同时出现1点的概率为：

$$\frac{1}{6} \times \frac{1}{6} = \frac{1}{36}$$

概率的
基础知识　乘法定理

乘法定理

→"出现A的同时也出现B的概率"可以用出现A的概率与出现B的概率相乘求得。

※不过，只有当可能出现的各种情况相互独立又互不影响时，才能使用乘法定理。

只生2个孩子，2个孩子都是女孩儿的概率是多少？

生第一个孩子时，生出女孩儿的概率是1/2。生第二个孩子时，生出女孩儿的概率也是1/2。因此，2个孩子都是女孩儿的概率就是：

$$\frac{1}{2} \times \frac{1}{2} = \frac{1}{4}$$

[例题]
10张彩票中有3张有奖。如果连抽2张彩票，2次都中奖的概率是多少?

在这种情况下，第一次抽彩票会影响到第二次抽彩票的条件，这一点必须引起注意。

所谓"影响到第二次抽彩票的条件"是指：如果第一次抽彩票就中奖，10张彩票中就要减去1张中奖彩票。于是，第二次抽彩票的条件就变成9张彩票中有2张有奖。假如第一次抽彩票没有中奖，到第二次抽彩票的时候，就变成9张彩票中有3张有奖。

像这样，在某种条件下出现某种情况的概率，就叫作：

"条件概率"

在上面的例子中，第一次抽彩票中奖的概率为3/10。如果第一张彩票就中奖，第二次抽彩票的条件就变成9张彩票中有2张有奖，因此第二次抽彩票的中奖概率为2/9。

如果假定第一次抽彩票中奖，第二次抽彩票也中奖，此时可以利用乘法定理来求出现这种情况的概率。只要将第一次中奖的概率与第二次中奖的概率相乘，就可以得到2次都中奖的概率，即：

$$\frac{3}{10} \times \frac{2}{9} = \frac{6}{90} = \frac{1}{15}$$

条件概率

条件概率

→在某种条件下出现某种情况的概率。

10张彩票中有3张有奖，连抽2张彩票时，2次都中奖的概率是多少?

第一次抽彩票中奖的概率是3/10，第二次抽彩票中奖的概率是2/9，因此，2次都中奖的概率为：

$$\frac{3}{10} \times \frac{2}{9} = \frac{1}{15}$$

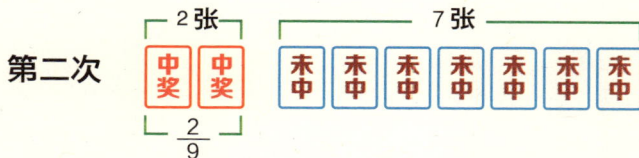

第一次

3张　　　　　7张

| 中奖 | 中奖 | 中奖 | 未中 | 未中 | 未中 | 未中 | 未中 | 未中 | 未中 |

$\frac{3}{10}$

第二次

2张　　　　　7张

| 中奖 | 中奖 | 未中 | 未中 | 未中 | 未中 | 未中 | 未中 | 未中 |

$\frac{2}{9}$

[例题]

有一支业余棒球队，他们每场比赛有9名队员出场击球，但9名队员的出场顺序每次都不同。请问这9名队员的出场顺序一共有多少种？

在解答这个问题之前，我们先用较小的数字进行分析。假设球队只有2名队员，先来求这2名队员的出场顺序共有几种。这2名队员分别是A和B，他们的出场顺序只有"AB"和"BA"2种。

假设球队有3名队员，分别是A、B、C，这3名队员的出场顺序又有几种呢？一共有"ABC""ACB""BAC""BCA""CAB"和"CBA" 6种。

如果球队有4名队员，他们的出场顺序又会是多少种呢？当然，利用上面的方法也可以得出正确答案，只是计算起来会比较麻烦。如果队员人数再多一些，就更麻烦了。其实，有一种很简单的计算方法可以解决这样的问题。

接下来，我以3名队员为例进行分析。

A、B、C3名队员中，第一个出场的可以是A、B、C中任何一人，第二个出场的队员是第一个出场队员外的2名队员中的任何一人，第三个出场的队员则是最后剩下的那个人。

由此可见，第一个出场的队员有A、B、C3种可能；第二个出场的人是第一个出场队员外的2名队员中的任何一人，因此有2种可能；轮到第三个人出场时，只剩1个人，因而只有1种可能。

只要将第一、第二和第三个出场队员的可能情况数相乘，就可以求出3名队员一共有多少种出场顺序。

$$3 \times 2 \times 1 = 6种$$

这种乘法叫作：

"阶乘"

　　相乘的数字越来越小，就像楼梯一样，因此叫作"阶乘"。

　　利用阶乘很容易就可以算出由9名队员组成的球队一共有多少种出场顺序。

　　$9 \times 8 \times 7 \times 6 \times 5 \times 4 \times 3 \times 2 \times 1 = 362880种$

　　这就意味着，由9名队员组成的棒球队，如果每场比赛换一种出场顺序的话，可以保证362880场比赛下来队员的出场顺序都不会重复。

　　顺便介绍一下，阶乘的表示方法是在数字后面加一个"！"。例如，9的阶乘就可以表示为"9！"。n个不同元素按顺序排列，其排序方法一共有"n！"种。

阶乘

由3名队员组成的球队，如果队员先后出场，一共有多
少种出场顺序？

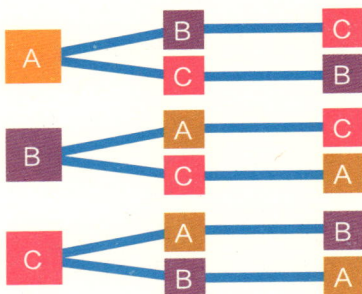

$3 \times 2 \times 1 = 6$ 种

由9名队员组成的球队，如果队员先后出场，一共有多
少种出场顺序？

$9 \times 8 \times 7 \times 6 \times 5 \times 4 \times 3 \times 2 \times 1 = 362880$ 种

阶乘

→n个不同元素按顺序排列，其排序方法一共有n！种。

$1! = 1$ 种
$2! = 2 \times 1 = 2$ 种
$3! = 3 \times 2 \times 1 = 6$ 种
$4! = 4 \times 3 \times 2 \times 1 = 24$ 种
$5! = 5 \times 4 \times 3 \times 2 \times 1 = 120$ 种

[例题]

在足球比赛中，如果在90分钟的比赛和加时赛过后，双方比分仍不分高下，就要进行点球大战决一胜负。那么，从11名队员中选出5名参加点球大战，而且出场的顺序也是固定的话，一共有多少种方案?

　　在点球大战中，第一位出场的队员要从11个人中选出，共有11种选法；第二位出场的队员从剩下的10人中选出，有10种选法；第三位出场的队员从剩下的9人中选出，有9种选法……以此类推，我们就可以知道，如果从11人中选出5人，而且顺序固定的话，可以通过下面的乘法计算出一共有多少种选法。

$$11 \times 10 \times 9 \times 8 \times 7 = 55440种$$

　　像这样，从n个不同的元素中，选出r个进行排列的方法，叫作：

从n个中选出r个的排列

　　前面所讲的"阶乘"是从n个元素中选出n个进行排列。

　　"排列"的英语单词为"permutation"，排列的表示方法如下所示：

$$_nP_r$$

例如，从5个中选出3个进行排列，就可以表示为"$_5P_3$"。一般情况下，当从n个不同的元素中选出r个（不重复）进行排列时，可以用下面的公式表示。

概率的基础知识 **排列**

从n个不同的元素中选出r个（不重复）进行排列的计算公式为：

$$_nP_r = n! \div (n-r)!$$

从11名队员中选出5名参加点球大战，而且5名队员的顺序是固定的，一共有多少种方案？

第一名出场队员的选择方法→11种

第二名出场队员的选择方法→10种

第三名出场队员的选择方法→9种

第四名出场队员的选择方法→8种

第五名出场队员的选择方法→7种

因此，

第一名	第二名	第三名	第四名	第五名
11人中的任意一人	除第一名外的10人中的1人	尚未入选的9人中的1人	尚未入选的8人中的1人	尚未入选的7人中的1人
11 ×	10 ×	9 ×	8 ×	7

=55440 种

[例题]

有10名员工，如果要从中选出3名临时负责人，请问共有多少种选法？

这道题不同于之前的排列问题。它只要求选出3人，对3人的排列顺序不做要求。我们还是先用数量较少的例子进行分析。假设从3人中选出2人，共有多少种选法？

假设这3个人分别为A、B、C，从中选出2人的选法有"AB""AC"和"BC"3种。像这样只做选择，无须考虑排列顺序的方式，就叫作：

"组合"

和排列一样，组合也可以通过简单的公式进行计算。

首先，我们先来看排列的情况。如果从3人中选出2人，并规定了这2人的排列顺序，应该出现的情况共有：

$$3 \times 2 = 6种$$

具体而言，从A、B、C3人中选出2人并进行排序的话，应该有"AB""AC""BA""BC""CA"和"CB"6种情况。

将3人中选2人的组合与3人中选2人的排列比较一下，就会发现组合并不考虑2人的排列顺序，因此"AB"和"BA"只能算1种情况。

从3人中选2人的排列中，由于要考虑2人的顺序，"AB"和"BA"算2种情况；而在3人中选2人的组合中，只能算1种情况。

在组合中算1种情况，而在排列中算2种情况，后者是前者的两倍。因此，计算组合时要把排列中重复的部分去掉。所以，3人选2人的组合情况共有：

$$3 \times 2 \div 2 = 3 \text{种}$$

在这里，重复部分的2种情况应该是2个人按顺序排列时的数量（阶乘）。

因此，用从3人中选2人的排列总数6种，除以2人按顺序排列时的数量（阶乘）2种，就得到从3人中选2人的组合总数。

所以，3人选2人的组合总数，可以用如下方法进行计算：

$$_3P_2 \div 2! = （3 \times 2） \div （2 \times 1） = 6 \div 2 = 3 \text{种}$$

一般来说，从n个不同的元素中，选出r个进行组合的方法总数，可以用以下方法求得：

（从n个不同元素中选出r个的排列总数）÷（r的阶乘）= $_nP_r \div r!$

"组合"的英语单词为"combination"，组合的表示方法为：

$$_nC_r$$

例如，从5个中选3个的组合，就可以表示为"$_5C_3$"。那么，从10人中选3人的组合就可以通过下列公式求得：

$$_{10}C_3 = （10 \times 9 \times 8）\div（3 \times 2 \times 1）= 120种$$

组合的公式一般可以用以下方法进行表示。虽然单看公式理解起来有难度，但使用起来非常简便。

概率的基础知识 **组合**

从n个不同的元素中，选出r个进行组合，请问共有多少种方法？

（从n个不同元素中选出r个的排列总数）÷（r的阶乘）$= _nP_r \div r!$

$$_nC_r = _nP_r \div r! = n! \div [r! \times （n-r）!]$$

有10名员工，如果要从中选出3名临时负责人，请问有多少种选法？

$$_{10}C_3 = （10 \times 9 \times 8）\div（3 \times 2 \times 1）= 120种$$

[例题]

A君想买一种4位数字的彩票。他的生日是12月31日，想用12月31日中的4个数字排列起来买彩票。1、2、3、1这4个数字变换位置后一共有多少种排列方法？

　　我们先做卡片并且分别标上1、2、3、1这4个数字。然后，将这4张卡片改变位置排列起来，数一数一共有多少种排列方法。

　　前面介绍过的排列和组合，都必须从不同的元素中进行选择，然而这道问题中，备选的4个数字中，出现了重复数字。

　　像这种含有重复元素的排列，就叫作：

"重复排列"

　　计算重复排列时可以使用前面介绍过的组合的算法。

　　首先，我们先来看一下4个数字各不相同时的排列方法，一共有：

$$4! = 4 \times 3 \times 2 \times 1 = 24种$$

　　可是，实际上有2张标有"1"的卡片。如果我们把这2张卡片分别记作"1a"和"1b"，那么"1a、1b、2、3"和"1b、1a、2、3"这2种排列方法其实是相同的，都是"1、1、2、3"。

这样一来，就等于我们把"1、1、2、3"数了2次。同样，"1、2、1、3""2、1、1、3"和"1、2、3、1"等我们都数了2次。

因为"1"的卡片有2张，我们数出的数字是实际数字的2！ = 2 × 1 = 2 倍。因此，要除以2才能得到实际的排列总数：

$$4! \div 2! = (4 \times 3 \times 2 \times 1) \div (2 \times 1) = 12种$$

一般来说，在全部n个元素中，如果有p个、q个……t个相同的元素，那么把 n个元素排成一列的方法总数，可以通过以下公式进行计算：

重复排列的求法
$$= n! \div (p! \times q! \times \cdots \times t!)$$
$$(p + q + \cdots + t = n)$$

如果有5张数字卡片，分别为标有1、1、2、3和3这5个数字，求它们排列方法的总数时，利用上面的公式很快就可以计算出来：

$$5! \div (2! \times 2!) = 30种$$

重复排列

重复排列

→含有相同元素的排列。

A君想买一种4位数字的彩票。A君的生日是12月31日，他想用12月31日中的4个数字排列起来买彩票。1、2、3、1这4个数字改变位置排列起来一共有多少种排列方法?

 **1 2 3 1** ➡ 使用生日数字排列买彩票

这与1、1、2、3这4个数字的排列方法相同。

1123、1132、1213、1231、1312、1321、
2113、2131、2311、3112、3121、3211

因此，一共有12种。

一般来说，在全部n个元素中，如果有p个、q个……t个相同的元素，那么把n个元素排成一列的方法总数可以用以下公式进行计算:

重复排列的求法= n! ÷ (p!×q!× ……×t!)
（p+q+……+t=n）

[例题]

在赛马中，一共有3个栏，每个栏中有2匹马（总共6匹马）。用马的栏号预测最先到达终点的前2匹马。请问，这种马券一共有多少种买法？此外，买1张马券中奖的概率是多少？

1		2		3		➡ 栏号
1	2	3	4	5	6	➡ 马号
○	×	△	○	△	△	
○	×	△	×	○	△	
○	×	△	○	×	×	
○	×	△	×	×	×	

　　这个问题相当于从1、2、3这3个数字中选出2个数字（这2个数字可以重复）进行排列，求排列的方法一共有多少种。

　　具体排列一下，我们可以知道，一共有"1、2""1、3""2、1""2、3""3、1""3、2""1、1""2、2"和"3、3"9种。那么，买1张马券的中奖概率为1/9。

　　一般来说，从n个不同元素中，选出r个元素（可以重复选同一个元素）时，其排列方法可以通过以下公式进行计算：

从n个不同元素中选出r个元素（可以重复选同一个元素）的排列方法= n^r

因此，上面例题的答案为：

$$3^2 = 9种$$

[例题]

从1、2、3、4、5这5个数字中，选出3个数字（可以重复）的排列方法共有多少种？

$$5^3 = 125种$$

概率的基础知识

从不同元素中选出若干元素（可以重复选同一个元素）的排列方法

一般来说，从n个不同元素中选出r个元素（可以重复选同一个元素），其排列方法可以通过以下公式进行计算：

从n个不同元素中选出r个元素（可以重复选同一个元素）的排列方法 = n^r

赛马的栏号组合预测共有多少种

[例题]

在赛马中，一共有3个栏，每个栏中有2匹马。用马的栏号组合来预测最先到达终点的前2匹马，那么这种马券一共有多少种买法？

由于是求栏号组合，即使顺序反了也没有关系，只要能预测出最先到达终点的前2匹马出自哪个栏就算猜中。这个问题就相当于在1、2、3这3个数字中选出2个数字（可以重复选同一个数字），求一共有多少个组合。

像这样，从n个不同的元素中，选出r个元素的组合（可以重复选同一个数字）叫作：

"重复组合"

重复组合可以通过以下公式进行计算：

从n个不同的元素中，选出r个元素（可以重复选同一个元素）的组合= $_{n+r-1}C_r$

具体而言，从1、2、3这3个数字中选出2个数字（可以重复选同一个数字），其选择方法有如下6种：

"1、1" "1、2" "1、3" "2、2" "2、3" 和 "3、3"

如果用上面的公式进行计算，得出的答案也是6种，计算过程为：

$$_{3+2-1}C_2 = {}_4C_2 = 6$$

在赛马中，一共有3个栏，每个栏中有2匹马。用马的栏号组合来预测最先到达终点的前2匹马。那么，这种马券一共有多少种买法？

这个问题就相当于从1、2、3这3个数字中选出2个数字而且可以重复选同一个数字，其选择方法有如下6种：

"1、1" "1、2" "1、3" "3、2" "2、3" 和 "3、3"

左图的情况（3号马第一，1号马第二）
应该是"1、3"

重复组合

→从n个不同的元素中，选出r个元素且可以重复选同一个元素的组合

从n个不同元素中，选出r个元素且可以重复选同一个数字的组合＝$_{n+r-1}C_r$

因此，

$$_{3+2-1}C_2 = {}_4C_2 = （4 \times 3）\div（2 \times 1）= 6$$

收到的货物是哪家公司送来的

一个厂家从A、B两家公司订货。A公司每5天送2次货，而B公司每5天送3次货。此外，该厂家还分别向A、B两家公司同时订购了一种完全相同的特殊货物。A公司每送3次货中有1次是特殊货物，而B公司每送4次货中有1次是特殊货物。那么，某一天该厂家收到的特殊货物是A公司送来的概率有多大？

如果用"贝叶斯定理"（Bayes' theorem）的公式来解答这个问题就非常简单了，如下所示：

某一天该厂家收到的特殊货物是A公司送来的概率=

A公司送来特殊货物的概率
A公司送来特殊货物的概率+B公司送来特殊货物的概率

其中

$$A公司送来特殊货物的概率 = \frac{2}{5} \times \frac{1}{3} = \frac{2}{15}$$

$$B公司送来特殊货物的概率 = \frac{3}{5} \times \frac{1}{4} = \frac{3}{20}$$

然后，将两家公司送特殊货物的概率代入上述公式中，便得到：

$$\frac{2}{15} \div \left(\frac{2}{15} + \frac{3}{20} \right) = \frac{2}{15} \div \frac{17}{60} = \frac{8}{17}$$

因此，某一天该厂家收到的特殊货物是A公司送来的概率为8/17。

贝叶斯定理

用具体数值来解释，贝叶斯定理更容易理解一些。

假设A公司和B公司合计送货60次。

$$A公司送特殊货物的概率= \frac{2}{5} \times \frac{1}{3} = \frac{2}{15}$$

$$A公司送特殊货物的次数= 60 \times \frac{2}{15} = 8次$$

$$B公司送特殊货物的概率= \frac{3}{5} \times \frac{1}{4} = \frac{3}{20}$$

$$B公司送特殊货物的次数= 60 \times \frac{3}{20} = 9次$$

A公司和B公司送特殊货物的次数共计8+9=17次，其中A公司送了8次。因此，某一天厂家收到A公司送的特殊货物的概率为：

$$8 \div （8+9）= \frac{8}{17}$$

[例题]

有3男2女要共进晚餐。餐厅为他们准备了一张刚好可以坐5个人的圆桌，请问这5个人一共有多少种坐法？

这个问题中涉及的排列叫作：

"圆排列"

问大家围坐在圆桌旁共有多少种坐法，相当于求这5个人一共有多少种位置关系。如下图所示，从A君的角度看，其他4个人的位置变动一下，就等于改变了坐法。然而，如果5个人同时向一个方向移动相同数量的座位，虽然每个人的座位变了，但相互之间的位置关系并没有发生改变。因此，不管怎么移动，只能算一种坐法。

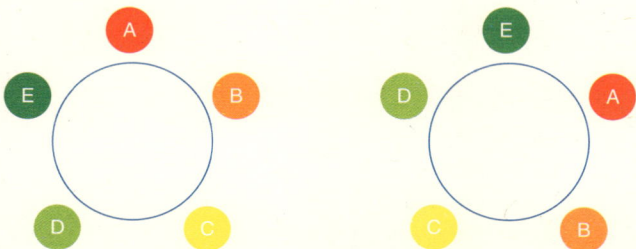

这就是说，解答这道题时，要以1个人为基准，考虑其他4个人的排列。因此，这5个人围坐在圆桌旁的坐法一共有：

$$4! = 24种$$

[例题]

紧接前一道例题。假如你是3位男士之一，那2位女士中有1位是你的梦中情人。那么，你坐在她旁边的概率有多大？

首先假设你和梦中情人相临而坐，把你们二人作为1个基准，算出其他3人的排列数。另外，你和梦中情人对调座位后，虽然依然相临，但5个人总体的坐法却发生了改变。你和梦中情人2个人的位置关系只有2种，因此只要把其他3人的排列数乘以2，就可以得到你坐在梦中情人旁边的坐法的总数，即：

$$3! \times 2 = 12种$$

因此，你坐在梦中情人旁边的概率为：

$$\frac{12}{24} = \frac{1}{2}$$

你是不是觉得概率很高，很有希望啊！

一般来讲，圆排列的计算公式如下所示：

n个元素的圆排列=（n－1）！

概率的基础知识 **圆排列**

圆排列

→例如围坐在圆桌旁的坐法

5个人围坐在圆桌旁，一共有多少种坐法?

以1个人为基准，计算其他4人的排列数。

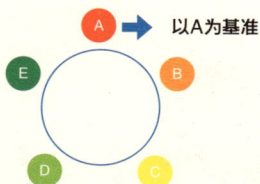

以A为基准

$4! = 24$种

坐在梦中情人旁边的概率有多大?

先要计算出与梦中情人相临而坐时5个人的总坐法，

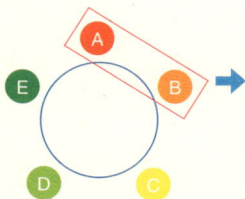

以你和梦中情人即A和B为基准，A和B可以对调，因此，其他3人的排列种数乘以2才是你坐在梦中情人旁的坐法总数。

$3! \times 2 = 12$种

因此，坐在梦中情人旁边的概率为:

$$\frac{12}{24} = \frac{1}{2}$$

第二章

成功是有窍门的

成功的要点只有三个。我这么说时，肯定大多数朋友都觉得我在吹牛。那么，就请大家接着往下读，看我是怎么"吹牛"的。在本章中，我将结合众多成功实例，从概率学的角度来证明只要满足三个要点就可以获得成功的说法并不是吹出来的！

成功的要点只有三个

试问，有谁不想获得成功呢？

虽然大家都想获得成功，但问到"什么才是成功"时，收到的答案却多种多样。每个人对成功的理解都不尽相同。在这里，我们暂时先把成功简单定义为"实现了自己的愿望、做成了自己想做的事情"。相信这也是大多数人对成功的理解。

为了谨慎起见，我还翻阅了手头的字典——《广辞苑》（第5版）（岩波书店），书中对成功的解释为"达成了目的；实现了事业上的目标等；可引申为获得地位、财富等"。看着自己总结出的成功定义和字典上对成功的解释差不多，我就放心了。在现代社会中，成功也泛指获得地位和财富等。比如，"成功人士"就是指有地位、有钱的人。至少有些人是这样理解的。

正因为大家都渴望成功，书店里有关成功学的书籍才会堆积如山，大有泛滥趋势。

我阅读了一些有关成功学的书籍，还采访了一些成功人士，结果发现成功有三个共通的要点，那就是：

· **确定目标**

· **向着目标努力**

· **失败后不放弃，继续努力**

看起来很简单吧，但取得成功的要点只有这三个。

听到我这么说，肯定有很多朋友会惊叹道："什么？！就这么简单？如果这么容易就能获得成功，那世上应该有很多成功人士，可是为什么成功的人总是少数呢？"其实，越是看起来简单的事情越容易被人们忽略。虽然很多人都了解成功的法则，但做与不做才是造成有人成功、有人不成功的原因所在。

成功的窍门

成功的要点

所谓成功

→实现自己的愿望、目标，做成自己想做的事。

[成功的三个要点]

确定目标

↓

向着目标努力

↓

失败后不放弃，继续努力

美国人之所以能把人类送上月球就是因为下定了决心，不达到目标决不罢休。

1957年，苏联成功发射了人类历史上第一颗人造卫星。之后，美国也开始了宇宙开发计划。

然而，第一个将人类送上太空的还是苏联人。1961年，苏联发射了一颗人造卫星——东方1号，它载着宇航员加加林成功实现了绕地球飞行一周的壮举。苏联的这一成功极大地刺激了美国人的神经，于是从20世纪60年代初开始，美国也开始在宇宙开发上下大力气。

1961年，美国总统肯尼迪发表宣言，声称在60年代内，要把人类送上月球，并把这一目标作为国家计划来推行。这就是著名的"阿波罗计划"。

在肯尼迪发表宣言后，美国就开始紧锣密鼓地实施登月计划。1969年7月16日，阿波罗11号宇宙飞船成功发射。到了7月20日，美国人阿姆斯特朗成为登上月球的第一人。在这个例子中，美国先以自己的威信为赌注发表登月宣言，然后通过努力将其实现。在全世界面前宣称要登上月球的美国当然就没有了后路可以退，只能一鼓作气努力到底。

由此可见，只要下定决心努力去做，没有什么事是做不成的。

然而，为什么成功的人总是少数呢？大多数人在行动之前就已经给自己下了定论，认为太难了，自己做不好。从一开始就认输的人当然不可能取得胜利。

因此，成功与不成功的差别就在于是否下定决心制订目标并努力将目标贯彻到底。

成功的窍门

下定决心去做，才把人类送上了月球

[美国把人类成功送上月球的秘诀]

1961年，美国总统肯尼迪宣称要在60年代内实现登月，目标明确

⬇

把登月作为国家计划（阿波罗计划），全力实施

⬇

1969年，阿波罗11号宇宙飞船成功登月！

[成功的理由]

确定目标

→朝着目标的方向努力

→即使失败也不放弃，继续努力前进

[无法成功的理由]

· 在确定目标之前就已经认输

→根本谈不上付诸实施

· 即使付诸实施，也会中途被挫折和失败打倒

→无法坚持到最后

成功的窍门　为成功收集所需的信息

很多人都有自己的愿望和想做的事情，可是为什么还没做就认为自己做不好呢？因为他们还不知道如何采取行动。

比如，你想把自己写的东西变成铅字出版发行。一般人都不了解具体的图书出版过程，因此不知道该从何下手。

此外，还有的朋友缺乏自信，认为能出书的都不是一般人，而自己差之甚远。因此，还没有尝试就先放弃了。

我们举一个比较简单的例子，如果你的梦想是去北京的欢乐谷玩一趟，你会觉得这个梦想很难实现吗？我想大多数人都会想这有什么难的，找好乘车路线就去了。为什么这个梦想很容易实现呢？那是因为大多人都能查到北京的欢乐谷该怎么走。

其实，只要知道了具体方法，做什么事情都不难。我们之所以把很多事情想得很难，是因为我们不了解具体的行动方法。在对目标一无所知的情况下，很少有人愿意冒险采取行动。

如果我们心中有了目标，但还不了解实现这一目标的具体方法，那就应该先想方设法找出实现目标的具体方法。因此，收集有用的信息是迈向成功的第一步，而且走的还是一条捷径。在做事之前，我们必须坚信一定有通往成功的道路，只是我们还没有找到。

机会就在前面等着我们，但它不会主动向我们走来，因此我们要去主动向机会靠近。

如果想去北京的欢乐谷玩一趟，那就出发吧。如果想把自己写的东西出版成书，那就多收集一些出版方面的信息。如果有可能，还可以亲自去出版社咨询一下，也许很快就会找到机会。

成功的窍门

为成功收集所需的信息

[心中有愿望却放弃的理由]

· 不知道实现愿望的具体方法

· 一开始就认为自己不行，缺乏自信

[那么，该怎么做才好呢？]

了解成功的具体方法之后，才有可能成功

⬇

收集有用的信息

⬇

向着目标尽自己最大的努力

[想去欢乐谷]

想去欢乐谷该怎么做？

⬇

先查出去欢乐谷的乘车路线

⬇

然后向目的地出发，就可以去那里玩一趟了

成功的窍门 不行动永远也无法成功

不行动永远也无法成功。这也是尽人皆知的道理，可是为什么很多人怎么也迈不出行动的第一步呢？

什么也不做，只是等待，能把成功等来吗？不可能！整天在家里睡大觉，天上会掉馅饼吗？也不可能！有了目标，如果不采取行动，一切都等于零。这个道理谁都懂，但仍有很多人不愿采取行动。因此，成功的人总是屈指可数。

比如，我想辞职独立创业，我想结束朝九晚五的生活当自由职业者，我想写小说出版……但再多的梦想都只是想想的话，就永远只是梦想，永远无法变成现实。

现实生活中，有很多人怀有梦想，却不愿迈出行动的步伐。想做这个、想做那个，整天只是空想。

为什么会这样呢？就像前面讲的那样，很多人不知道该如何行动，而且他们害怕行动，对新的开始充满恐惧。其实，任何人面对新的开始都会有种不安或恐惧。这是很正常的，没有什么不好意思的。

对于自己没见过、没听说过和毫不知晓的事情，谁都会感到不安或恐惧。当要开始某段新的旅程时，人总是因为无法预知的未来而紧张不安。如果什么感觉都没有，反倒不正常了。

当我们辞掉现在的工作，准备跳槽、独立创业或当自由职业者时，会感到巨大的压力和前所未有的恐惧感，毕竟这个决定将关系到自己今后的生活乃至整个人生。此时，我们的脑海中难免会产生各种消极的疑问，比如"不顺利的话怎么办""如果失败了怎么办"等。因此，很多人在左思右想之后，便认定自己不可能做好，还没有开始行动就主动放弃了。

摆脱不安和恐惧的困扰，开始崭新的生活需要一定的勇气。如果都没有勇气迈出第一步，就只能眼睁睁地看着时光流逝，在大好年华中蹉跎时日。

成功的窍门　**不行动永远无法成功**

敢于行动的人
→**向着成功前进**

不敢行动的人
→**永远维持现状**

[不敢采取行动的理由]
· 不知道实现愿望的具体方法
· 对新的开始充满不安和恐惧（害怕失败）

↓

鼓起勇气大胆行动吧！否则永远也别想获得成功！

什么也不做，成功的概率为0

"成功概率120%！"在电视和报纸等媒体上，我们经常会看到这样的广告语。然而，在数学中，根本不存在120%的概率。概率只能在从0到1（用百分数表示的话，就是0%~100%）这个范围内。

概率为0（0%）表示绝对不可能发生的事情。反之，概率为1（100%）则表示绝对会发生的事情。

以掷骰子为例，如果是普通的骰子，3点出现的概率为1/6。如果是特殊的骰子，假设6面全是3点，3点出现的概率就是1（100%）。其他点数出现的概率则为0（0%），即完全不可能出现其他点数。

因此，"成功概率120%"只是广告宣传中惯用的一种强调手法，目的是让人信服"一定能成功"。

如果不把梦想付诸行动，成功的概率永远为0。只有鼓起勇气去行动，成功的概率才会不断提高，直至最后成功。

因此，为了尽量提高成功的概率，还是采取行动吧。日本有句谚语叫作"狗出去走走，没准儿也能捡到肉骨头"。如果整天把狗拴起来，它当然不可能捡到肉骨头来吃。

顺便说一下，这句谚语的原意是"做得多反而容易惹祸"，但后来引申为"多做没准儿能碰上好运气"。

成功的窍门 什么也不做，成功的概率为0

概率0（0%）→ 绝对不可能发生
概率1（100%）→ 绝对会发生

减肥
成功概率 120%

实际上根本没有120%的概率

什么也不做

→成功的概率永远为0

逐步采取行动

→成功概率从0开始，1%、2%逐渐提高

别拖了，赶快开始行动吧

很多人都会把自己不喜欢做的工作尽量往后拖，到最后实在拖不下去时再做，我也属于这种人。然而，有些工作是有期限的，拖着也没有用，早晚都得做。

不管你愿不愿意，有期限的工作最终都得去做。不过，像我前面讲的辞职独立创业、当自由职业者和写小说出版等都是没有期限的，而最可怕的也正是这种没有期限的事情，往往是拖到最后一辈子都没有做。

物理上有一种"惯性法则"，大体是说物体有维持现状的惯性。开始运动或者停止运动都是最消耗能量的时候。我们都骑过自行车，想必你体会过自行车刚起动时是最费劲的。

当我们开始做某事时，似乎也受到"惯性法则"的制约，总是需要很大的能量或勇气才能开始行动。在潜意识中，我们还是想维持现状，对新的事情总有一种抵触情绪。中国有句俗话就叫作"万事开头难"。

不过，当自行车运转起来后，就轻松多了。做事情也一样，只要勇敢迈出第一步，后面就会顺势前进了。

总之一句话，别拖了，赶快开始行动吧！即使还没有全盘的把握，我们至少可以从有把握的地方着手。

令人不可思议的是，一旦开始行动，人们常常会发现事情远比想象的简单。因此，很多人会发出这样的感叹："这么简单的事情，我怎么到现在才开始做呀？""当初我一直觉得不安和恐惧，一做起来才发现原来这么简单！"

因此，与其不断拖延自寻烦恼，还不如斩钉截铁地开始行动，也许实际情况比你想象的容易得多。如果心里总想着"等有时间的时候再开始做吧"，就等于永远也没有时间。"等有时间的时候再开始做吧"，那到底要等到什么时候才能开始行动呢？其实，只要你想做，什么时候都有时间。"等有时间的时候再……"只是给自己找的一个借口，是对自己的一种妥协。如果你想成功，还等什么？马上开始行动吧！什么都不做，成功的概率只能是0。只要开始行动，就可以使成功的概率从0不断提高。就像阿姆斯特朗登上月球时说的那句经典台词一样，"我个人的一小步，是人类的一大步"。

最后，我再啰唆地说一句：不开始行动永远也不可能取得成功！

成功的窍门 **别拖了，赶快开始行动吧**

[开始做一件事，为什么这么难？]

根据惯性法则，从一种状态改变为另一种状态时，需要很大的能量。开始做某件事，也就是要改变现有的状态，因此也需要很大的能量或勇气。

⬇

一旦开始，往往会发现事情并没有想象的那么难。

总想等有时间的时候再开始行动，于是"有时间的时候"永远也不会到来。

⬇

别管太多，赶快开始行动吧！

（只要开始行动了，成功的概率就会不断提高！）

不放弃努力，直至成功

我们先来放松一下，一起做一个大脑体操。

"据说非洲有个部落，那里的人只要不停地跳求雨的舞蹈，肯定会下雨。现实中，真有这样的事情吗？"（选自《成年人大脑体操》，逢泽明著，PHP文库）

我暂时卖个关子，不说答案。我们一起来分析一下这个题目，也许你会从中发现相关的提示。

除了确立目标和不断努力之外，成功还有一个要点，那就是即使失败了也不放弃，要继续努力，直到取得最后的成功。

成功的这一要点也很好理解。如果我们中途放弃，成功的概率就会在放弃的一刹那变为0。如果不向着目标继续努力，根本不可能取得成功。

总之，即使遭遇失败也不要轻言放弃，只有坚持到最后才能取得成功。反之，一旦失败就中途放弃，就毫无成功的希望可言了。

那么，你想出前面那个问题的答案了吗？

答案是：当然会下雨。为什么这么说呢？非洲那个部落的人会轮流跳舞，一直不停歇，跳到下雨为止。

实际上，下雨并不是跳求雨舞的结果，这个世界上并不存在这么神奇的事情。下雨只是自然现象，不管人类做什么或者不做什么，雨该下的时候就会下。只不过非洲那个部落的人会一直跳到下雨为止，让人感觉好像是求雨的舞蹈起了作用。

成功和求雨也有类似的地方。只要坚持不懈，成功就会在前面等着我们。

遭遇挫折、经历失败也不放弃，并坚持努力，这是取得成功最关键的一点。只要坚持下去，总会等到成功的那一天。

话虽如此，做起来却很难。因此，才会有很多人在挫折面前低头，在失败之后退缩，最终与成功失之交臂。

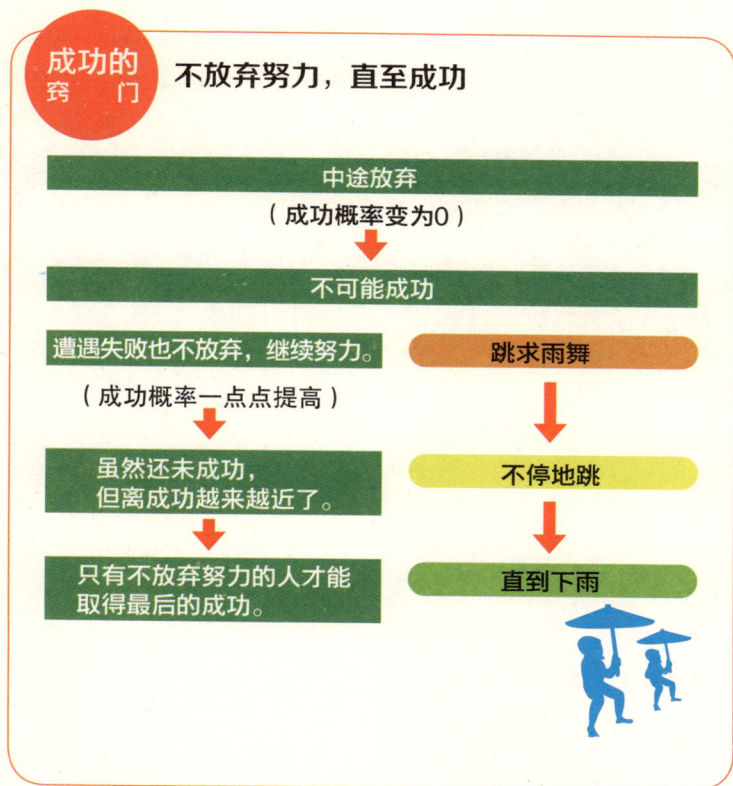

成功的窍门 **不放弃努力，直至成功**

中途放弃

（成功概率变为0）

不可能成功

遭遇失败也不放弃，继续努力。

（成功概率一点点提高）

跳求雨舞

虽然还未成功，
但离成功越来越近了。

不停地跳

只有不放弃努力的人才能
取得最后的成功。

直到下雨

挑战5次就能成功

要想成功，坚持不懈的努力非常重要。即使失败也不放弃，坚持到最后才能取得成功。其实，从概率的角度也能证明这一点。

比如，我们做成一件事情的概率为50%。

成功的概率为50%，就意味着成功和失败的比率各占一半。到最后是失败还是成功，我们无从知晓。

成功的概率为50%，即1/2，但这并不意味着做2次就必定有1次能成功。现实中哪有这么美的事。前面我们也讲过，抛硬币时，正面和反面出现的概率都为1/2，但这并不是说抛2次硬币就一定会出现1次正面或1次反面。

话虽如此，我们也没有必要感到悲观。如果成功的概率为50%，只要我们尝试5次，成功的概率就会提高到97%。

由此可见，即使只有一半的把握，只要不断努力，失败了也不放弃，连续尝试5次就能极大地提高成功的概率。

成功的窍门 挑战5次就能成功

成功概率为50%的事情，如果我们尝试5次，用下面的方法可以计算出其中至少有1次能成功的概率。

发生A的概率+不发生A的概率 = 1
因此，1 − [5次全部失败的概率] = 5次中至少有1次成功的概率

成功概率为50%（0.5）的事情，我们尝试5次都失败的概率为每次失败的概率50%（0.5）的5次方，即：

$$0.5^5 \approx 0.03 = 3\%$$

因此，成功概率为50%（0.5）的事情，尝试5次中至少有1次能成功的概率为：

$$1 - 3\% = 97\%$$

这也就是说，成功概率为50%（0.5）的事情，尝试5次后成功的概率就高达97%。

"三成击球员"的安打概率有多高

成功的窍门

在前一节中，我们研究了成功概率为50%的事情，得出了"只要尝试5次，成功的概率就会大大提高"的结论。接下来，我们再来看看成功概率更低的情况。

在棒球界，"三成击球员"已经是非常优秀的击球员了。那么，什么叫"三成击球员"呢？每次击球能打出"安打"（成功击球）的概率为30%的球员即"三成击球员"。不过，为什么安打概率这么低的击球员就被认为是优秀击球员了呢？

在一场比赛中，如果"三成击球员"出场4次，其中至少有1次能打出安打的概率为76%。也就是说，一个"三成击球员"在一场比赛中打出安打的概率就为76%。

在一场比赛中，如果"三成击球员"出场5次，他在全场比赛中打出安打的概率就可以提高至83%。

由此可见，虽然30%的成功概率并不算高，但只要尝试4次，就可以把成功概率提高到76%。如果尝试5次，则可以让成功概率跃至83%。这是不是远远超出了你的想象？

因此，即使失败了一两次，也不要马上放弃，至少应该再尝试5次。我并没有要求大家尝试几十次甚至上百次，只要5次就足够了。

如果单次的成功概率为30%，尝试4次，就可以把成功概率提升到76%。如果单次的成功概率为50%，尝试5次则可以使成功概率一跃至97%。

因此，失败后绝不能马上放弃，要多尝试几次。

"三成击球员"的安打概率有多高

"三成击球员"是指每次击球的成功概率为30%的击球员。在一场比赛中，如果"三成击球员"出场4次，4次都没打中的概率为单次失败概率70%（0.7）的4次方，

$$0.7^4 \approx 0.24 = 24\%$$

因此，"三成击球员"4次击球中至少有1次会打出安打的概率为：

$$1 - 24\% = 76\%$$

[失败后绝不能轻易放弃]

成功概率为30%的事情，如果尝试4次
→可以使成功概率提高到76%

成功概率为30%的事情，如果尝试5次
→则可以使成功概率提高至83%

成功概率为50%的事情，如果尝试5次
→成功概率就会跃升至97%

成功的窍门　猴子也能写出世界名著吗

即使成功的概率只有1%，我们也不应该放弃努力！

即使成功概率只有1%，如能尝试450次，也有99%的可能取得最后的成功。

假设找到脾气相投的伴侣的概率只有1%，只要肯花时间与450名女性相亲，至少有1位会让你满意。不要大惊小怪！现实中，就有人进行过类似的尝试。

你肯定听说过肯德基吧？它的创始人山德士上校曾把特制的炸鸡配方和连锁经营的方式四处推广，结果遭遇了1005次拒绝。在第1006次推销时，才获得认可，最后大获成功。大发明家托马斯·爱迪生经历了近10 000次的失败才发明了灯泡。即使成功的概率只有0.5%，如能尝试2000次，也可能使成功概率达到99.9956%。

再举一个例子。目前全世界最畅销的书要数《哈利·波特》，它的作者J.K.罗琳现在已经是超级大富婆。可是，你知道吗？在《哈利·波特》畅销前，她只是一个在咖啡馆的角落不停写故事的单亲妈妈。《哈利·波特》写成之后，罗琳曾将书稿连投八家出版社，但都遭到了拒绝，第九次投稿才被采用，得以出版。现在，曾经拒绝过她的那八家出版社一定后悔得不得了。

由此可见，不管成功的概率有多小，只要不断地努力、不停地尝试，就可以提高成功的概率，使它越来越接近100%。

再给大家讲一个和概率相关的有趣例子，那就是猴子也能写出莎士比亚的名著。让猴子敲打打字机，并给它无限长的时间。从理论上来讲，总有一天猴子也能写出和莎士比亚的名著一模一样的作品。当然，这只是一个极端的例子。然而，这个例子从概率的角度说明了"只要不断努力，就会成功"的道理。

成功的窍门

不停挑战是通向成功的捷径

不管成功的概率有多小，只要不断地努力、不停地尝试，就可以提高成功的概率，使它越来越接近100%

如果成功的概率只有1%，只要尝试450次，就可以使成功的概率达到99%

如果成功的概率只有0.5%，只要挑战2000次，就可以使成功的概率达到99.9956%

J.K.罗琳	挑战9次，获得成功
山德士上校	挑战1006次，获得成功
托马斯·爱迪生	挑战10 000次，获得成功
猴子	不知何时也能用打字机写出莎士比亚的名著

成功的窍门　失败是挑战的结果

　　如果成功的概率只有1%，开始行动时难免要遭受失败的打击，不过绝对不能因为一两次的失败就轻言放弃。我们本来就不可能做什么事情都成功。即使是那些已经取得成功的人士，他们在成功以前也一定经历过很多次失败。

　　失败是尝试的结果。失败了至少证明我们曾经尝试过，不去尝试反倒不会失败。即使失败了，也不必灰心丧气，相反，应该为此感到自豪。

　　"失败是成功之母"的名言尽人皆知，那么大家都该知道经历很多次失败才能迎来成功。

　　与没有任何行动相比，还是失败更有意义。因此，我们还是抛开顾虑，努力去尝试、去挑战吧！前面提到过发明家托马斯·爱迪生，在他发明电灯的过程中，历经10 000余次失败，真可谓尝尽了失败的滋味。不过，失败也有它的意义，从中我们可以吸取经验和教训，至少可以认识到这种方法不正确，需要另寻方法。

　　我们应该积极地面对失败。在接受新的挑战时，失败不可避免。在不断挑战、不断失败、失败后又发起挑战的过程中，成功的概率也在不断提高。

　　失败后，我们应该及时总结经验和教训，寻找其中的原因，不断调整前进的方向。这样不就越失败离成功越近了吗？因此，失败没什么可怕的。

失败是尝试的结果

失败是成功之母 → 不断失败，反复尝试，最终走向成功

↓

失败是尝试的结果

↓

与没有任何行动相比，失败更有意义

↓

即使暂时失败也不必灰心丧气

（反而要为此感到自豪，因为这至少证明自己曾经尝试过）

↓

从失败中总结经验和教训，为下一次尝试做好准备

↓

不断失败，反复挑战，使成功概率逐渐提高

爱迪生

10 000余次
的实验 →

发明电灯

↓

失败10 000余次之后，**最终取得成功**！

为什么坚信成功真的就能成功

很多关于成功学的书籍中都这样写道："只要坚信自己能成功，就一定会成功。"这到底是什么意思呢？它是在告诉人们要相信好运会伴随自己，目标也一定会实现。

只要对成功怀有强烈的渴望，就一定会如愿以偿。

其实，这是一种自我心理暗示。很多成功学书籍都告诉人们要反复提醒自己："好运会伴随着我！我一定能成功！"此外，还要在脑海中想象成功的细节。积极思考问题和始终保持感恩的心态对于成功也很重要。

成功的
窍　门　**坚信成功真的就能成功**

[很多成功学书籍介绍的成功法则如下所示]

· 确立明确的目标
· 坚信自己能成功
· 对成功怀有强烈的渴望
· 在脑海中想象成功的细节
· 积极思考问题

成功的
法则

关于为什么坚信成功就能成功以及积极的思考方式的重要性，成功学的书籍上是这样解释的："在我们人类意识的深处，有一部分与'宇宙意识'存在联系。如果怀有强烈的愿望和坚定的信心，会使自己的意识与'宇宙意识'相连，而'宇宙意识'将指引我们到达成功的彼岸。"

● 明确目标，收集信息

关于"宇宙意识"指引我们实现愿望的说法，我不想发表任何看法。即使不上升到所谓"宇宙意识"的高度，我们也可以从概率学和心理学的角度来解释坚定的信念与积极的思维方式对取得成功的帮助。

简言之，这就相当于发挥潜意识的能量，让脑子变得更灵光，让我们向着成功的方向不断前进。

也许这句话不大好理解。我举个例子说明一下，你马上就会明白。在汽车的导航系统中输入目的地信息后，显示器上就会出现通往目的地的具体路线，而且这条路线一定是最近的。当我们怀有强烈的愿望或坚定的信心时，这就相当于给大脑中的导航系统输入了目的地信息，此时，大脑就开始向着成功的方向运转。

运动员的"想象训练"就是最好的例子。比赛前，很多运动员都会先在脑海中把自己最佳的技术动作或姿势想象很多遍，等正式比赛开始后身体就会按照大脑的想象去发挥，从而最大限度地激发身体潜能。

看棒球比赛时，很多击球员在进入击球位置前，都会默默思考一会儿，或口中振振有词地默念着什么。其实，他们就是在想象打出好球的种种细节。这就是所谓的"想象训练"。

坚定的信心和积极的思考方式还可以提高我们为了成功收集信息的能力。

前面已经讲过，要想成功，首先必须确立一个明确的目标，然后再向着目标努力。在这个过程中，收集成功所需的各种信息非常重要。

对成功抱有坚定的信心，并在脑海中想象成功的种种细节，这就是确定目标的过程。想象成功的细节时，可以把取得成功所需的各种信息一一罗列出来，再和现实中掌握的信息做对比，由此便可以发现自己还欠缺哪方面的信息，从而更有针对性地收集信息。目标明确了，坚定的信心也树立了，我们便不会因为遭遇挫折或失败就气馁了。正因为我们已经把每个细节都想象到了，才有可能最大限度地避免失败。

有的朋友虽然确立了明确的目标，但仍然不敢付诸行动，那是因为他们对失败充满不安和恐惧。此时，他们应该积极地思考问题，并坚信自己一定会成功。此外，还要反复思考，想象成功的种种细节。只有把每一个细节都考虑到了，并收集齐成功所需的各种信息，我们才能做到心中有数。信心树立了，自然就不会害怕失败了。

我们收集的有用信息越多，自信心就会越强，离成功也会越近。

成功的窍门　为什么坚信成功真的就能成功

想象成功的种种细节，坚信自己一定能成功

→**确立明确的目标**
→**进行想象训练**

不放弃，继续努力

→**使大脑向着成功的方向运转**
→**提高收集信息的能力**

成功的窍门　鸡尾酒会效果

人的听觉有一种不可思议的能力，我们将之称为"鸡尾酒会效果"。即在众多嘈杂的声音中，我们会选择倾听自己感兴趣的声音。

比如，在人声鼎沸的鸡尾酒会上，我们能和左右两边的人交谈，就是因为我们选择去听他们的声音。如果当时用录音机把周围的声音都录下来，等播放时，我们会很难分辨出当时交谈对象的声音。

此外，如果是自己关心的话题，即使讲话者离自己有一定的距离，我们的耳朵也能敏锐地捕捉到他的声音。又比如，当别人在周围悄悄地说我们的坏话时，我们的耳朵也会很敏感。

我们之所以能做到这一点，就是因为大脑有一种分辨声音的能力，它能从周围众多的声音中，让耳朵捕捉到自己感兴趣的声音。

其实，不只耳朵有这样敏锐的能力，眼睛等其他感觉器官也有类似的能力。假如你是某位电影明星的狂热影迷，在看报纸和杂志时，你会不经意地去寻找那位影星的名字。即使是很小的版面、很小的文字，你都能一眼发现。如果换了别人，可能根本就看不到。

此外，想减肥的人对 "减肥""瘦身""苗条"等字眼都会特别敏感。

奔赴约会时，我们能在茫茫人海中，一眼发现自己的恋人。此时，仿佛别人的脸都是灰暗的，只有自己恋人的脸在发光。

由此可见，只要我们对人或事物有强烈的兴趣，就会不经意地收集相关信息，而且收集信息的效率和准确性也会大大提高。随之而来的还有，我们收集信息能力的提高。

给汽车的导航系统输入目的地信息之后，内置的计算机就会开始运转，寻找最佳路线。我们的大脑也一样，当我们对成功抱有强烈的渴望并坚信自己一定能成功时，大脑就像雷达一样开始运转，捕捉所有相关信息。

只要我们目标明确，并对目标抱有持久的兴趣，就会不经意地有针对性地选择那些达成目标所需的信息。

面对同一个有用的信息，有人会把它当成很普通的信息，有人根本不会注意到，而有人则把它作为重要信息保存下来。这就是为什么有人成功、有人失败的原因所在。

成功的窍门

鸡尾酒会效果

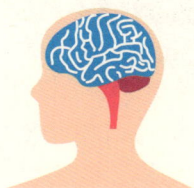

鸡尾酒会效果

→只选择倾听自己感兴趣的声音或话题。

↓

在鸡尾酒会那样嘈杂的环境，我们能和左右两边的人交谈。

只要是自己关心的话题，即使讲话者离我们有一定的距离，我们也能敏锐地捕捉到他的声音。

↓

视觉等其他感觉器官也有同样的能力

↓

只要对目标抱有持久的兴趣

↓

就会不断收集对实现目标有用的信息

↓

收集信息的能力也得以提高

百分百成功减肥法

告别肥胖体形

瘦身宝典

→想减肥的人对这些字眼都很敏感。

成功的窍门 "20比80法则"

"20比80法则"也叫"80比20法则"或"帕累托法则"。这一法则对于指导我们按照优先顺序收集有用信息，并为达到目标寻找捷径有着非常重要的意义。

意大利经济学家帕累托于1897年发表了他的研究成果——"20比80法则"。这个法则是说20%的人占有80%的财富，换言之就是世界上大多数财富都聚集在少数人手中。

这一法则不仅适用于经济领域，还适用于经济以外的各个领域。比如，"鸡尾酒会上20%的出席者喝掉了80%的酒精饮料""公司80%的利润是由20%的员工创造的"以及"公司80%的销售额源自20%的客户"等。

这一法则还可以应用于为成功收集信息的过程中。如能掌握20%的关键信息，就可能取得80%的成果。换言之，80%的成果源于20%的核心信息。

由此可见，我们要分清信息的重要程度与主次先后。如能掌握20%的核心信息，就可以使成功的概率提高至80%。

成功的窍门

利用"20比80法则"

"20比80法则" → 也叫"80比20法则"或"帕累托法则"

⬇

20%的人拥有80%的财富

鸡尾酒会20%的出席者，喝掉了酒会中80%的酒精饮料

⬇

公司中20%的员工创造了80%的利润

在收集信息的过程中，也可以利用"20比80法则"

⬇

掌握20%的关键信息，可以获得80%的成果

⬇

掌握20%的核心信息，就可以使成功概率提高到80%

成功的窍门　积极思考方式的重要性

　　我再重复一遍成功的三个要点，那就是：树立明确的目标；向着目标的方向努力；以及即使失败也不灰心，重新振作起来继续努力。

　　其他成功学书籍也有类似的观点，比如要想获得成功必须确立明确的目标，坚信自己一定能够成功，经常强化自己对目标的认识，朝着目标的方向不断努力……

　　此外，对成功抱有强烈的渴望、经常在脑海中想象成功的细节、利用鸡尾酒会效果和"20比80法则"以及高效收集实现目标所需的核心信息，这些都将助我们一步一步迈向成功。

　　积极的思考方式对成功也有非常重要的作用。积极地思考问题可以让人更加乐观，总把问题往好的一面想。这样一来，在迈出行动的第一步时就可以克服恐惧与不安的心理。俗话说"好的开始是成功的一半"，由此可见，积极的思考方式可以给我们创造一个良好的开端。

　　此外，在尝试的过程中难免遭遇失败。面对失败，我们应该保持积极乐观的心态，不因失败而灰心丧气，而是以更加高昂的斗志投入下一次挑战中。

　　总之，积极思考问题的人不会惧怕失败的打击。他们敢于挑战，从不放弃。这样一来，成功的概率会不断提高，直至最后获得成功。

　　消极思考的人则畏首畏尾、瞻前顾后，永远也无法取得成功。他们害怕失败，不敢采取行动。不行动即不会失败，当然也不可能取得成功。

　　人还要有一颗感恩的心。很多成功人士对帮助过自己的人都心怀感激，对那些曾经阻碍自己的人和失败的经历也如此，这些人或事从另一个角度给了他们前进的动力或鼓励。懂得感恩的人必将取得更大的成功，因为心存感激，自然而然会聚拢到人气，获得所需的信息。说到底，我们所说的成功无非是从积累的人际关系中获得的。只有会聚人的力量，才能取得成功。

积极思考方式的重要性

确立明确的目标

坚信自己一定能成功

经常强化目标在脑海中的印象

强烈渴望成功

在脑海中描绘成功的细节

收集获得成功所需的核心信息

积极地思考问题

迈出第一步时克服恐惧和不安的心理

不怕失败，积极挑战

不灰心，继续努力

拥有一颗感恩的心

聚拢人气，获取成功所需的信息

成功的概率大大提高

第三章

利用概率战略取得成功

如能把概率学应用于实践中，不仅可以在猜拳游戏、买彩票和赌博中获胜，还可以助我们在相亲和就职面试等人生的重要关头成为胜者。在本章中，我将从概率学的角度加以证明。

猜拳时有必胜的方法吗

在剪刀石头布的猜拳中，有必胜的方法吗？或者说，有胜算高的方法吗？我们先来看一下猜拳规则。首先，两人共同伸出一只手，握拳成石头状。然后，在一齐喊"剪刀、石头、布"后，各自出拳。大家最初都握拳成石头状，因此胜负的关键在于之后出什么拳。

据心理学家研究发现，在剪刀石头布的猜拳中，大多数人都不会连续出同一种拳。这也就是说，对方下一拳很有可能出石头以外的拳，即剪刀或布。如果对方出剪刀或布的概率较大，那我们就出剪刀。如果对方出布，我们就赢了。如果对方出剪刀，只是平局，我们至少不会输。如果双方都出剪刀打成平局，接下来对方出剪刀以外的拳，即石头或布的概率会比较大，因此我们要出布。如果对方出石头，我们就赢了。如果对方出布，则是平局，再继续……

因此，大家都从握拳成石头状态开始，之后我们应该出剪刀。如果出剪刀打成平局，我们再出布。这也就是说，出拳的顺序应该是石头、剪刀、布。如果出布又打成平局，那就再出石头，然后还是剪刀、布、石头、剪刀、布……照这样的顺序出拳，获胜的概率会比较高。

如果要总结规律，那就是这次出的拳应该是上次输给对手的拳。具体而言，如果对手上次出石头，我们这次就应该出剪刀；如果对手上次出剪刀，我们这次就应该出布等，以此类推。

当然，如果遇到喜欢连续出同一种拳的人，我们刚才的方法就会让你输得很惨。不过，这个世界上喜欢连续出同一种拳的人没有变换出拳的人多，因此使用这种方法获胜的概率还是大一些。

如果规定从一开始就不可以连续出同一种拳，那按照我刚才教大家的顺序出拳就绝对不会输，甚至可以说它是猜拳的必胜方法。

成功的秘诀

猜拳的必胜之法

[开始猜拳之前大家一起出石头]

在剪刀石头布的猜拳中，连续出同一种拳的人比较少

猜拳之前，大家都握拳成石头状

接下来，出剪刀或布的人比较多

如果我们出剪刀，获胜的概率比较高

如果出剪刀打成平局

接下来出石头或布的人比较多

如果我们出布，获胜的概率比较高

按照最初　✊→✌→🖐→✊→✌→🖐　的顺序出拳

● 如果不规定起始拳，又该怎么办呢？

前面我们讲的方法有一个前提，那就是必须规定起始拳为石头。假如不规定起始拳，第一拳大家随便出，那就必须另寻他法了。

据统计，在不规定起始拳的情况下，先出石头或布的人要多于先出剪刀的人。剪刀的手势是相对最难做的，因为要在瞬间出拳，与复杂的剪刀相比，人们更容易选择简单的石头或布。

因此，在不规定起始拳的情况下，如果先出石头或布的人居多，那我们第一拳就应该出布。对方出石头，我们获胜。对方出布，只是平局。如果出现平局，便可以采用前面所讲的策略了，即如果出布打成平局，下一拳我们就出石头。

成功的
秘　　诀　　**猜拳的必胜之法**

[在不规定起始拳的情况下]

先出剪刀的人比较少，
先出石头或布的人比较多。　　✌少　🖐或✊多

↓

我们出布的获胜概率高。　　🖐

↓

如果出布打成平局，
接下来就应该出石头。　　🖐 VS 🖐 接下来出✊

猜拳多少回合可以决出胜负

前面我们讲了猜拳时获胜概率较高的出拳方法，那么要多少回合才能决出胜负呢？我们以两个人猜拳为例进行说明。

2个人猜拳，每人都有剪刀、石头、布3种出拳方法。因此，2个人一起出拳的方法一共有3 × 3 = 9种。

其中，平局的情况有3种，即双方同时出剪刀、石头或者布。因此，出现平局的概率为3 ÷ 9 = 1/3。那么，决出胜负的概率就是1 — 1/3 = 2/3。这也就是说，1个回合决出胜负的概率为2/3，约为67%。

如果第一回合打成了平局，第二回合分出了胜负，出现这种情况的概率为平局的概率1/3乘以决出胜负的概率2/3，即：

$$\frac{1}{3} \times \frac{2}{3} = \frac{2}{9} \approx 22\%$$

那么，如果前两回合都打成平局，第三回合决出了胜负，出现这种情况的概率又是多少呢？你应该知道如何计算了吧：

$$\frac{1}{3} \times \frac{1}{3} \times \frac{2}{3} = \frac{2}{27} \approx 7\%$$

根据以上结果，在3个回合以内决出胜负的概率，就是把上述3个概率相加，结果如下：

$$\frac{2}{3} + \frac{2}{9} + \frac{2}{27} = \frac{26}{27} \left(67\% + 22\% + 7\% = 96\% \right)$$

也就是说，2个人玩剪刀石头布猜拳的时候，在3个回合内决出胜负的概率大约为96%。

成功的秘诀

猜拳多少回合可以决出胜负

第一回合　　第二回合　　第三回合

平局的概率　　$\frac{1}{3}$（约33%）

决出胜负的概率　$\frac{2}{3}$（约67%）

平局→平局的概率　　　　　　　　$\frac{1}{9}$（约11%）

平局→决出胜负的概率　　　　　　$\frac{2}{9}$（约22%）

平局→平局→平局的概率　　　　　　　　　　　$\frac{1}{27}$（约4%）

平局→平局→决出胜负的概率　　　　　　　　　$\frac{2}{27}$（约7%）

在3个回合内决出胜负的概率为：

$$\frac{2}{3} + \frac{2}{9} + \frac{2}{27} = \frac{26}{27}$$（67% + 22% + 7% = 96%）

此外，还可以用逆向思维进行思考。3个回合都为平局的概率为1/27（4%），那么在3个回合内决出胜负的概率就为：

$$1 - \frac{1}{27} = \frac{26}{27}$$（1- 4% = 96%）

在相亲时选择意中人的方法

　　与多个对象相亲时，怎样选出自己的意中人呢？

　　假如我要与4位女士相亲，她们分别是A女士、B女士、C女士和D女士。我对这4位女士的喜欢程度也按这个顺序递减。当然，这些都是事后我才知道的。见面前，我根本不知道她们都是些什么人，她们将以什么样的顺序出场我也一无所知。我只知道我即将和4位女士相亲。

　　当然，相亲也有规矩。一旦拒绝对方，以后就没有求婚的机会了。在见面接触后，也必须表明自己的态度。如果我向其中的某位女士求婚了，相亲就此结束，还未谋面的女士不再有机会见面。此外，如果前三位女士我都没有相中，与第四位女士相亲时，只要对方不反对，我就必须和她结婚。

　　在这些前提下相亲，我如何才能选出我最喜欢的人并向她求婚呢？不管怎样，先和第一位见一面再说。不见面的话，我们的话题也无法进行下去。

　　不过，对于第一位相亲对象，最好什么也别想，当场拒绝为好。尽管拒绝了对方，还要看清她的相貌、脾气和性格等，以便为后面的相亲做参考。

　　对于第二位相亲对象，只要感觉比第一位对象好，就立刻求婚。如果感觉还不如第一位，那就拒绝。如果向第二位对象求婚，相亲就此结束。

如果拒绝了第二位相亲对象，就要见第三位。如果第三位比前两位优秀，就立刻向她求婚。如果不喜欢，就拒绝。同样，如果向第三位求婚了，相亲就此结束。如果拒绝了第三位，那我就必须得向最后一位即第四位求婚了。

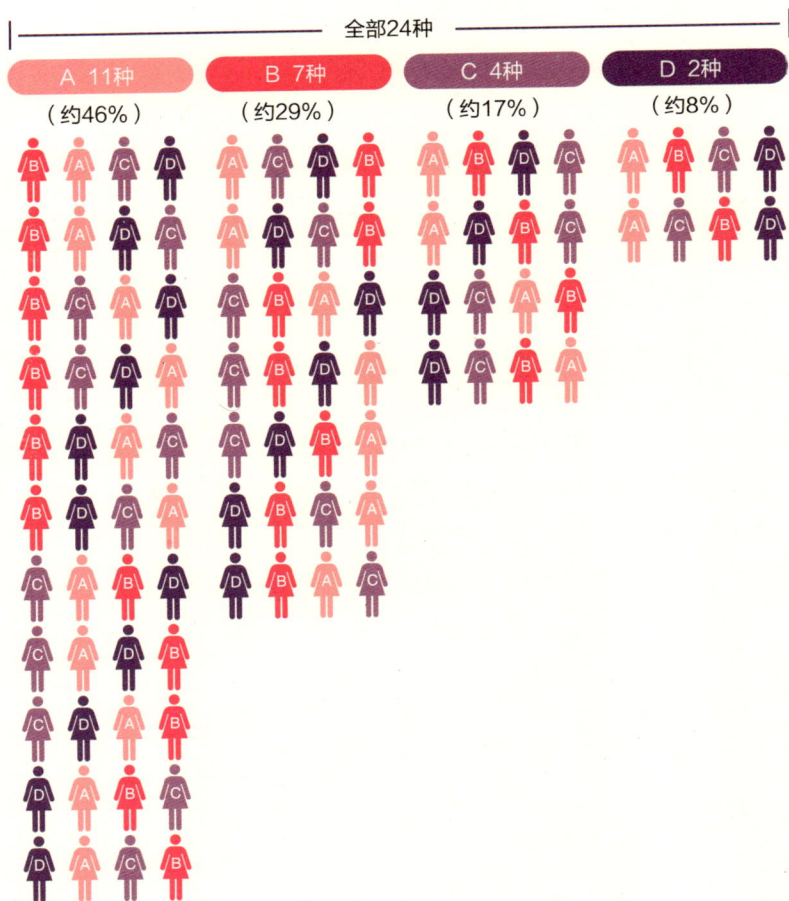

全部24种

A 11种（约46%）　B 7种（约29%）　C 4种（约17%）　D 2种（约8%）

不过，我并不怎么担心，因为最后一位是我最不喜欢的D小姐的可能性并不大。如果采用上面的策略，最后一位是D小姐的概率仅为8%。

看前一页的图示可能更易于理解。与4位女士相亲，相亲的顺序一共有24种。如果采用前面介绍的策略，有11种相亲顺序可以使我与最喜欢的A小姐结婚。那么，与A小姐结婚的概率约为46%，近乎5成。即使错过A小姐，和第二喜欢的B小姐结婚的相亲顺序也有7种，概率为29%。

这也就是说，如果采用这种相亲策略，和我最喜欢的A小姐或第二喜欢的B小姐结婚的概率为：46% + 29% = 75%。因此，娶到自己喜欢的女性的可能性相当大，而不得不与最不喜欢的D小姐结婚的概率仅为8%。

看到这个结果，你一定觉得这种策略很神奇吧。

有的朋友会问，如果相亲对象不止4个人怎么办？在这里，我只告诉你方法，至于其中的道理，要你自己去琢磨。

相亲对象有5至7人时，拒绝前2个，后面的方法与有4个相亲对象时相同。以此类推，相亲对象有8至10人时，拒绝前3个；11至12人时，拒绝前4个；13至15人时，拒绝前5个；16至18人时，拒绝前6个；19至20人时，拒绝前7个。

如果相亲对象的人数更多，那你只有在下一节中寻找答案了。

相亲时选择意中人的方法

如果相亲对象有4个人，如何才能选出自己喜欢的人呢?

· 拒绝第一位相亲对象；

· 如果第二位比第一位好，就向她求婚，如果不如第一位，就拒绝；

· 拒绝第二位后，见第三位。如果第三位比第一位和第二位都优秀，就向她求婚，否则就拒绝；

· 拒绝第三位后，只能向第四位求婚。

这一策略的概率如下图所示：

与自己最喜欢的A小姐结婚的概率约为46%。

与第二喜欢的B小姐结婚的概率约为29%。

因此，与A小姐或B小姐结婚的概率约为75%。

在日本，经常组织人数众多的相亲派对。参加这种相亲派对前，要交纳一笔相当可观的费用。假设我报名参加了某个相亲派对，并交纳了高昂的费用。可是到了派对当天，我却由于工作关系无法立即脱身。当做完工作赶到现场时，派对已经接近尾声。虽然比较可惜，但交了那么多的钱，毕竟不想空手而归。我向工作人员询问了一下，了解到剩下30位女性还没有找到合适的对象。不过，她们也准备回家了。我得抓紧时间，不然如果她们走了，以后就没有机会再见面了。我至少得和她们打声招呼吧。

如果能在这30位女性中找到自己喜欢的人，那就更好了，可是有什么办法能让我选中意中人呢？

相亲派对的规则和前面讲的相亲规则一样。30位女性并非同时出现在我面前让我选择，而是一个一个地出场。在第89页介绍过，如果共有20位女性，可以先拒绝前7位，从第8位开始选择。只要感觉比前7位好，就立刻求婚。

可是，我现在面对的将是30位女性，人数更多，该怎么办呢？其实，同样有办法。对于前37%的女性，可以默不作声。以后再出场的女性只要感觉比这前37%的女性好，就马上和她打招呼。

具体而言，这个例子中有30位女性，30人的37%为11人。因此，对于最先出现的11位女性，我不会和她们打招呼，只要静静地观察就好。

从第12位女性开始，只要感觉比前11位好，我就立刻打招呼，表示爱意。即使人数再多，这个方法也适用。

采用这一战略，我们与自己最喜欢的女性打招呼的概率有37%。因此，这也被称为"37%法则"。

37%这个数字的得出计算起来比较复杂，在此就不向大家详细介绍了。只要大家记住37%这个数字并会应用就足够了。"37%法则"可以应用于很多领域。比如，租房和面试新人等，利用这个法则都可以助我们以最高的效率得到最满意的结果。

又比如，公司要招聘1名新人，结果有100人报名参加面试。为了尽快选出最优秀的人才，最好的方法就是拒绝前37位面试者，从第38位开始选择。如果比前37位优秀，就决定录用他。这样做最节省时间，而且还最有可能选出优秀人才。

成功的秘诀　**在相亲派对上选择意中人的方法**

接下来将有30位女性依次出场，如何选出自己的意中人呢？

利用37%法则

⬇

静静地观察前37%的女性，而从之后出场的女性开始决定。如果出现比前面好的女性，就选她。

⬇

30×37%≈11人

⬇

因此，不选前11位，从第12位开始考虑。如果出现比前11位好的女性，就选她。

抽签时，先抽后抽哪个中签概率高

关于抽签时先抽后抽的问题，所有有关概率学的书籍都会进行探讨。抽签时，先抽的人有更多的选择，他们是不是占便宜了呢？其实不然，第一个抽签的人抽不中的概率反倒更高。还有人认为，前面的人都抽不中，不中的签都被抽走了，后面抽签的人中签的概率会高很多。那后面抽的人不就占便宜了吗？真的是这样吗？

我们来举个例子。假设10支签中有3支有奖。A君和B君二人按照ABAB的顺序先后抽签，请问A君和B君谁更容易中签呢？

A君第一个抽签，中签的概率为3/10。

如果A君未中签，接下来抽签的B君中签的概率就为3/9 = 1/3。如此看来，B君比A君中签的概率高。因此，大家会觉得后抽签的人更容易中签。

如果B君也没抽中，接下来抽签的A君中签的概率就是3/8，中签概率更高。于是，我们会觉得越在后面抽签的人越容易中签。实际上，抽签时不管先抽还是后抽，中签的概率都是一样的。

乍一看，感觉后抽的人更容易中签，而我却说先抽后抽都一样，这是为什么呢？请看后面的分析。

首先，A君第一个抽签，他中签的概率为3/10，这一点毫无疑问。

然而，接下来抽签的B君中签的概率并不是3/9这么简单，而是"A君中签B君也中签"与"A君未中签而B君中签"的概率之和。如何求B君中签的概率才是这道题的关键。

B君的中签概率为：

[A君中签B君也中签的概率] + [A君未中签而B君中签的概率]

$$= (\frac{3}{10} \times \frac{2}{9}) + (\frac{7}{10} \times \frac{3}{9}) = \frac{6}{90} + \frac{21}{90} = \frac{27}{90} = \frac{3}{10}$$

由此可见，B君的中签概率和A君一样，也是3/10。因此，不管先抽还是后抽，中签的概率都一样。

还有人为抽签的先后顺序争得面红耳赤。其实，先抽后抽都一样，为先后秩序争吵毫无意义。不过，先抽的人可以从很多签中自由选择，心理上会有一种优越感。等最后一个人抽签时，只剩下一支签了，别无选择，会感觉是强加在了自己头上。懂了概率学的原理后，就不会觉得心理不平衡了。

成功的秘诀 抽签时，先抽后抽哪个中签概率更高

先抽的人可以从很多签中自由选择，可是中签的概率就一定高吗？

前面的人把不中的签都抽走了，因而后抽的人更容易中签，真的是这样吗？

我们举例进行说明。

假设10根签中有3根中签，A君和B君两人按照ABAB的顺序轮流抽签。请问，A君和B君谁更容易中签？

A君第一个抽签，中签的概率→ $\dfrac{3}{10}$

B君第二个抽签，中签的概率→[A君中签B君也中签的概率] + [A君未中签而B君中签的概率]

$$= \left(\dfrac{3}{10} \times \dfrac{2}{9} \right) + \left(\dfrac{7}{10} \times \dfrac{3}{9} \right)$$

$$= \dfrac{6}{90} + \dfrac{21}{90} = \dfrac{27}{90} = \dfrac{3}{10}$$

因此，A君与B君的中签概率相同，都是 $\dfrac{3}{10}$ 。

不管先抽还是后抽，中签概率都一样。

到底该听哪位算命先生的话

假如贵公司想和X公司做生意，但其中存在一定的风险。就在作为老总的你犹豫不决时，来了两位算命先生。一位先生算准的概率为90%，收费1000元；而另一位先生从来都没算准过，收费100元。那么，该请哪位算命先生帮你算一下呢？

有人肯定会说："当然要请那位90%可以算准的先生，另外一位根本算不准，请他算有什么用？"也有人会说："算命这种东西本来就没准儿，如果非要算一下，还不如就请只收100元的那位。"

在这个问题上，只要稍稍动一下脑筋，就知道哪种选择才对。如果我是老总，肯定请从来没算准过的那位。是什么原因呢？老总发愁的是该不该与X公司做生意，这是一个二选一的问题，即做或者不做。请那位从来都算不准的先生算一下，然后反其道而行之就一定是正确的决定。

如果真有算命先生可以100%准确预测我们的未来，那别说100元或1000元，就是几十万都有人愿意出。作为企业的老总，有的决定可以造成百万甚至千万的赢利或亏损。因此，花几十万买一个正确的决定，也是非常值得的。

不过，现实中并没有能完全算准的算命先生。

由此看来，完全算不准的算命先生也是非常厉害的。

对于没什么个性的人，我们经常说："没有个性就是那家伙最大的个性。"

与此类似，"概率为0"也是一个相当显著的特征。安全概率98%的飞机与事故概率0%的飞机，你会乘坐哪一架？当然是后者。

此外，如果知道这样做必定会失败，还不如干脆放弃这种方法，或者反其道而行之，这样就可以大大提高成功的概率。

成功的秘诀　完全算不准的算命先生也很有用

M公司的老总不知道该不该和X公司做生意。有两位算命先生，一位先生算准的概率为90%，收费1000元；而另一位先生从来都没算准过，收费100元。请问，该请哪位算命先生来算一下呢？

算命先生A算准的概率为90%，收费1000元。

算命先生B从来没算准过，收费100元。

正确答案→算命先生B

为什么呢？在二选一的问题中，请完全算不准的先生算，反其道而行之就是正确的决定。

完全不准→反过来，就是完全准确
概率90%→反过来，只有10%的可能算不准吗？

　　假设有一家日本公司录用了你。讨论薪资报酬时，该公司提出两种支付报酬的方法请你选择。第一种方法，每上一天班，支付工资10 000日元；第二种方法，每上一天班就抛一次硬币。如果是正面，支付工资20 000日元；如果是反面，则支付工资5000日元。那么，你会选择哪种报酬支付方式呢？

　　对于这类问题，我们必须先计算出期待值，才不会产生损失。

　　说得通俗一点，期待值就是结果的平均值或所获金额的平均值。获得的金额乘以可能获得的概率，得到的就是期待值（期待金额）。

期待值（期待金额）=（获得金额×可能获得的概率）的合计

　　第一种报酬支付方法，不用算就知道期待值是每天10 000日元。第二种报酬支付方法中，每天支付的金额要由抛硬币进行决定，其期待值可以按照如下方法进行计算：

$$20000 日元 \times \frac{1}{2} + 5000 日元 \times \frac{1}{2} = 10000 日元 + 2500 日元$$
$$= 12500 日元$$

　　与每天10 000日元相比，由抛硬币决定工资的期待值更高一些，为12 500日元。不过，如果只在这家公司短期工作，有可能连续抛出反面，若如此，每天就只能拿到5000日元的工资，这与每天拿10 000日元的工资相比，就产生损失了。

不过，从概率学的角度来看，如果长期在这家公司工作，还是用抛硬币拿工资的方式获得的工资多。采用这种方法，工作时间越长，实际拿到的工资就越接近期待值12 500日元，因而比每天固定拿10 000日元工资要划算得多。

成功的秘诀 **不知道期待值就可能有所损失吗**

期待值→结果的平均值（获得金额的平均值）

期待值（期待金额）＝（获得金额×可能获得的概率）的合计

[例题]

以抛硬币的方式决定每天的工资金额，抛出正面拿20 000日元，抛出反面拿5000日元，那么日工资的期待值（期待金额）是多少？

您会选择哪一个

接下来有几个问题，如果只凭直觉，你会怎么选择？

■ 哪种方法更容易获得赠品？

为了促销商品，商家打算在包装箱中装入赠品券。关于如何装赠品券，现在有两种方案。第一种，每20箱中有1箱装有赠品券；第二种，每3箱中有1箱装有赠品券，不过要收集到3张赠品券才能兑换赠品。请问，采用哪种方案更容易获得赠品？

在第二种方案中，每3箱中有1箱装有赠品券，收集到3张就可以兑换赠品。这让人感觉只要购买9箱该商品，就可以换取赠品。事实并非如此。

在这种情况下，购买1箱商品获得赠品券的概率为1/3。由于要收集到3张才能兑换赠品，那么兑换赠品的概率就为1/3的3次方。

$$\text{兑换赠品的概率} = \frac{1}{3} \times \frac{1}{3} \times \frac{1}{3} = \frac{1}{27}$$

在第一种方案中，每20箱中有1箱装有赠品券，可以换取赠品的概率为1/20。由此可见，还是第一种方案获得赠品的概率相对大一些。

每20箱中有1箱装有赠品券，那么，

$$兑换赠品的概率 = \frac{1}{20}$$

■每人平均分得5000日元更好吗？

有一笔钱，如果大家平分，每人可以分得5000日元。有人建议进行抽签分配，中签率为50%，其中，中签的人可以得到10 000日元，而未中签的人分文不得。你觉得哪种分配方式好呢？

中签概率为50%，这意味着有一半的人可以得到10 000日元，而另一半的人分文不得。从个人角度考虑，既然有50%的可能什么也得不到，还不如大家平均分配、每人分得5000日元来得保险一些。

在这个例子中，平均分配时，期待金额不用算就知道是5000日元。而由抽签决定分配金额时，期待金额为10 000日元 × 1/2 = 5000日元。由此看来，这两种方法的期待金额居然相同，都是5000日元。

因此，从概率学的角度来看，选哪种分配方法都一样。然而，从情感上来说，每人平均分得5000日元更让人感觉保险。仅仅为了10 000日元，不值得冒失去5000日元的风险。因此，大多数人都会选择平均分配的方法。

所谓期待金额是多次平均的金额。然而，如果是一次性分配，还是稳妥地分得5000日元更容易让人接受。在这个例子中，两种方法的期待金额相同。既然期待金额都是5000日元，那我们为何不选择更为稳妥的方法呢？

不过，也有人会有不同的看法。既然是一次性分配，何不赌一把，反正有50%的概率可以获得10 000日元。

当然，选择哪一种方法是个人的自由，由此也可以看出一个人的性格。那么，你会选择哪一种方法呢？

成功的秘诀 稳妥地得到5000日元比较好

每人平均获得 五千円 → **期待金额 =** 五千円

进行抽签，中签率为50%，中签的人可以得到10 000日元，未中签的人分文不得。

→ **期待金额 =** 壹万円 $\times \dfrac{1}{2}$ = 五千円

期待金额相同

⬇

每人平均获得5000日元，让人感觉比较稳妥

⬇

你会选择哪一种方法呢？

■ 抽签的方法更好吗？

公司组织聚餐，如果实行AA制，每人要出5000日元。有人建议进行抽签，中签率为50%，中签的人可以免出餐费，而未中签的人要出10 000日元。你会选择哪一种方法呢？

你会选择乖乖出5000日元，还是抽签赌一把，没准儿可以白吃一顿呢？

如果实行AA制，平均每人要出5000日元。如果采用抽签的方式，中签率为50%，中签者免费，而未中签者要出10 000日元。因此，抽签的平均金额为10 000日元 × 1/2 = 5000日元。两种方法的平均金额相等。

不管采用哪一种方法，支付的平均金额都是相同的。不过，这次与分钱相反，与其必须支付5000日元的餐费，还不如抽签赌一把。如果有幸中签，就可以免费享用大餐。

成功的秘诀　抽签的方法更好吗

大家平均每人出5000日元

→支付的平均金额=

采用抽签的方式，中签率为50%，中签者免费，未中签者出10 000日元。

→支付的平均金额= × $\dfrac{1}{2}$ =

支付的平均金额相同

↓

不过，与其必须支付 ，还不如抽签赌一把，希望自己能免费享用大餐

↓

你会选择哪一种方法呢?

赌博的时候，孤注一掷好，还是分散下注好

　　假如明天前筹不到1000万日元，你的公司就要破产，而此时你只筹到500万日元，余下的500万日元无论如何也筹集不到。此时，你只有一条路可以走，那就是今天晚上带上500万日元去赌场一搏。如能赢回1000万日元，危机就可以得到化解。如果输了，就只有听天由命了。赌场中有各种各样的赌法，简单来说，赢钱概率为1/2的赌法，可以赢回2倍的钱；赢钱概率为1/3的赌法，可以赢回3倍的钱……总之，赢钱的倍数是赢钱概率的倒数。此外，赌博中赢钱的最高概率为1/2。那么，你会选择哪种赌法呢？

　　是选择赢钱概率各不相同的赌法，每次下注10万日元，然后看情况而定呢？还是一次性押上所有筹码决一胜负？事实上，最实际的赌法就是最简单的赌法。

　　将500万日元的筹码一次性押在赢钱概率为1/2的赌博中，这才是最适合你当前状况的赌法。你有可能一场下来就赢回1000万日元，当然如果输了，一下就变得身无分文。不过，从概率学的角度来看，这种方法是效率最高也最切合实际的赌法。如果分散下注，反复去赌，时间越长，获得的期待金额的总和并不会比手头现有的500万日元多。

　　比如，把100万日元分成10笔，每笔10万日元。选择赢钱概率为1/2的赌法，每次下注10万日元。由于赢钱的概率为1/2，假设赢了5次，每次下注的10万日元就变成了20万日元，那么总计赢得20万日元 × 5 = 100万日元。然而，如果其余5次输掉了本钱，10次赌下来，手里的钱还是100万日元，没有任何增加。如果用10万日元参与赢钱概率为1/2的赌博，赢钱的期待金额为20万日元 × 1/2 = 10万日元，和赌前相比也没有任何增加。其他赢钱概率的赌法也是同样的道理。

前面，我们一起学习了大数法则。赌博也不例外，赌的次数越多，赢取的钱越接近理论上的期待金额。如果把500万日元分散下注，时间长了，就会发现手里还是只有500万日元。

由此可见，如果一直赌下去，并不会赢钱，到了明天早上你还是拿不出1000万日元来挽救公司破产的局面。因此，还不如孤注一掷，把钱都投到赢钱概率最高的赌博中，这样一次决胜负的方法更切合你的实际情况。

成功的秘诀

在赌博中孤注一掷

用10万日元作筹码，参与赢钱概率为1/2的赌博，其期待金额为：

$$20万日元 \times \frac{1}{2} + 0日元 \times \frac{1}{2} = 10万日元$$

赌的次数越多，手里的钱越接近原有的钱。

把500万日元一次性押到赢钱概率为 $\frac{1}{2}$ 的赌博中，一次决胜负。

有1/2的概率赢得1000万日元！

输了就身无分文！

成功的秘诀　　降水概率为0%，为什么还会下雨

一提到概率，很多朋友首先会想起天气预报中出现的"降水概率"，毕竟每天都有天气预报，每天都能接触到"降水概率"这个专业术语。那么，到底什么是降水概率呢？所谓降水概率就是下雨或下雪的概率。

听到天气预报中说的降水概率后，一般人都会根据经验决定出门时是否带伞。比如，一听到预报说降水概率在50%以上，很多朋友就会带雨伞出门。不过，对我而言，降水概率不上60%，我绝不会带雨伞出门。

前面我们讲过，概率为0%的事情绝对不会发生。不过，说到降水概率，即使为0%，也不能保证绝对不会下雨或下雪。这是为什么呢？降水概率是将未来可能出现的气象条件与以往的气象数据进行对比和分析后得到的。

首先，要使用超级计算机预测未来一段时间内的大气状况和气压配置等各种气象条件。然后，再将预测的气象数据与过去保存的气象数据进行对比，并找出过去在相同的气象条件下降水在1毫米以上的概率有多大。这一概率就是未来一段时间内的降水概率。

比如，为了预测明天早晨6点到中午12点之间的降水概率，气象专家首先要用超级计算机预测明天这个时间段内的各种气象条件。然后，再找出过去与预测的气象条件类似或接近的气象数据，并据此计算出降水在1毫米以上的概率值。假如在以往10次类似的气象条件下，有7次降水在1毫米以上，那么降水的概率就为70%。

因此，预报说降水概率为70%，这相当于预报10次"降水概率为70%"其实只有7次降水会在1毫米以上。

此外，现在降水概率的预报是以10％为单位，因而降水概率都是10％的整数倍，之间的数值都要进行四舍五入。当然，预报得过于具体也没有多大意义。因此，0％～4％的降水概率都会预报为0％，而5％～14％的降水概率都会预报为10％……因此，预报降水概率为0％，是说降水概率在0％～4％之间，因此不能完全保证不会下雨或下雪。

既然讲到天气预报，接下来就顺便给大家介绍一下"晴""多云"和"阴"之间的区别。

"晴"是指观察当地天空的云量时，云量占天空整体10％以下的状态；云量在20％～80％之间的状态就称为"多云"；而云量在90％以上，而且中、下层云比上层云多的状态则称为"阴"。

成功的秘诀 **降水概率为0％，为什么还会下雨**

降水概率 → 将预测出的未来的气象条件与过去的气象数据进行对比，找出过去在相同的气象条件下降水在1毫米以上的概率。

降水概率为0％ → 准确地讲应该是0％～4％。因此，不能保证绝对不会下雨或下雪。

"晴""多云"和"阴"之间的区别：

晴	多云	阴
云量占天空整体10％以下的状态。	云量占天空整体20％～80％之间的状态。	云量占天空整体90％以上且中、下层云量多于上层云量的状态。

3人轮流猜拳时连续获胜的方法

　　某公司组织员工旅游，在旅途中做游戏进行比赛，还给第一名准备了一份奖品。结果，有3名员工并列获得第一名。可是，奖品只有一份，该把它发给谁呢？最后，大家一致同意用猜拳的方法决定。3个人轮流进行猜拳，第一个连胜2次的人将获得奖品。猜拳的规则如下：

　　假设第一轮先由A、B两人猜拳，胜者将和C猜拳。如果C输了，胜者A或B将获得奖品。

　　如果C胜了，C将和第一轮中的败者猜拳。如果C再次获胜，就获得两连胜，赢得奖品。如果C输了，胜者再和另外一人猜拳。如此反复，直到有人连续2次获胜。这种猜拳方法公平吗？有没有哪一方的获胜概率更高？

　　其实，3个人按照上述规则轮流猜拳时，第一轮猜拳的2个人获胜的概率要稍稍高于第三个人。

　　具体的计算方法比较复杂，在此我只讲结果，有兴趣的朋友可以自己钻研一下。计算的结果是，第一轮猜拳的2个人的获胜概率为5/14，而第三个人的获胜概率为4/14。由此可见，这样的比赛对前两者比较有利。

　　其实，这种比赛方法，在日本大相扑的"巴战"中也有应用。在相扑比赛"千秋乐"中，如果3个人的战绩相同，就要采用以上方法决一胜负。

　　如果3个人的实力完全相同，前两个比赛的人获胜的概率要高于第三个人。

3人轮流猜拳时连续获胜的方法

A、B、C3个人轮流猜拳，2个人中获胜的一方将与第三个人继续猜拳，第一个连胜两次的人将获得奖品。请问，这样的比赛方法对谁更有利？

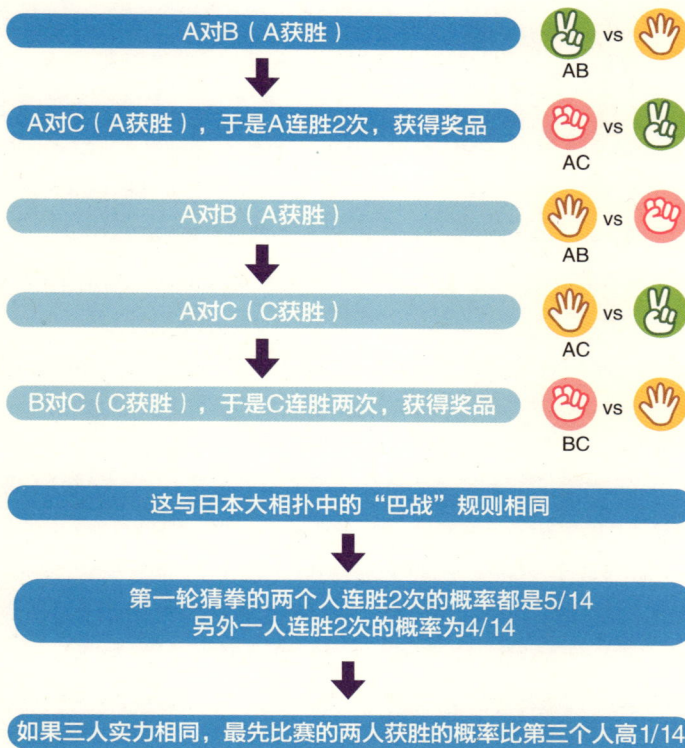

A对B（A获胜）

AB

A对C（A获胜），于是A连胜2次，获得奖品

AC

A对B（A获胜）

AB

A对C（C获胜）

AC

B对C（C获胜），于是C连胜两次，获得奖品

BC

这与日本大相扑中的"巴战"规则相同

第一轮猜拳的两个人连胜2次的概率都是5/14
另外一人连胜2次的概率为4/14

如果三人实力相同，最先比赛的两人获胜的概率比第三个人高1/14

在一个派对的游戏比赛中，你幸运地获得了冠军。按照规则，你有权选择奖品。一共有3个奖品，你可以任选其一。这3个奖品分别装在3个大小、颜色和样子完全相同的箱子中，而且无法透过箱子看到里面的奖品。3个箱子中有1个装有豪华奖品，而其余2个箱子装的都是普通手帕。这也就是说你选中豪华奖品的概率为1/3。

为了便于讲述，假定这3个箱子分别为A箱、B箱和C箱，而且你最初选了C箱。此时，主持人打开B箱给你看，结果B箱里装的是手帕。主持人说："你可以重新选择，可以改选A箱，也可以坚持选C箱。请做选择。"你会做何选择呢？

知道B箱中装的是手帕后，我们可以确定豪华奖品就装在A箱或C箱中。此时，也许你会认为不论选A箱还是C箱，拿到豪华奖品的概率都是1/2。既然获奖概率都一样，那还不如相信自己的直觉，坚持选C箱算了。然而，结果证明你的判断是错误的。实际上，改选A箱获得豪华奖品的概率要比坚持最初的选择高1倍。

假设豪华奖品装在A箱中，接下来我们看看改变选择与坚持选择的中奖概率会有何不同。

我们先来看一下不改变选择的情况。不论我们如何选择，也不论主持人给我们看哪个箱子里的奖品，我们选中豪华奖品的概率都是1/3。当然，主持人只会给我们看装有手帕的箱子。只要我们不改变选择，主持人的任何做法都不会影响到我们选中豪华奖品的概率，因此可以忽略他的做法。

再来看看我们改变选择的情况。同样假设豪华奖品装在A箱中，如果我们最初选择A箱，等主持人给我们看了B箱或C箱里的手帕后，我们改变选择，就会与豪华奖品失之交臂；如果我们最初选择B箱，等主持人给我们看了装有手帕的C箱后，我们改选A箱，就得到了豪华奖品；如果我们最初选择C箱，等主持人给我们看了装有手帕的B箱后，我们改选A箱，也能得到豪华奖品。由此可见，在改变选择的3种情况中，有2种都能得到豪华奖品。因此，获得豪华奖品的概率为2/3。

因此，改变选择后获得豪华奖品的概率是坚持最初选择的2倍。

成功的秘诀　改变选择获得豪华奖品的概率更高

假设Ⓐ箱、Ⓑ箱和Ⓒ箱3个箱子中，A箱中装有豪华奖品。

不改变选择的情况　　选择Ⓐ箱 → 得到豪华奖品
选择Ⓑ箱 → 得不到豪华奖品
选择Ⓒ箱 → 得不到豪华奖品

不改变选择获得豪华奖品的概率为1/3

改变选择的情况　最初选择Ⓐ箱
改选Ⓑ箱或Ⓒ箱 → 都得不到豪华奖品

最初选择Ⓑ箱
看了Ⓒ箱，改选Ⓐ箱 → 得到豪华奖品

最初选择Ⓒ箱
看了Ⓑ箱，改选Ⓐ箱 → 得到豪华奖品

改变选择得到豪华奖品的概率为2/3

　　科长经常请部下一起喝酒。这天，科长和部下欢饮结束后，科长又要去埋单。这时，部下说道："科长，也让我请一次客嘛。"

　　科长不同意，坚持要自己埋单。于是，部下提议："那这样吧，我们抛硬币决定。抛2枚硬币，如果2枚全是正面或全是反面，就由您来埋单；如果一正一反，就由我来埋单。您看，2枚硬币同时出现正面或反面的概率是2/3，而出现一正一反的概率是1/3。那么，您埋单的概率大，我埋单的概率小，您看如何？"科长觉得这个提议不错，反正自己埋单的概率大，就欣然同意了。

　　结果，抛硬币出现一正一反，按照约定由部下去埋单。科长原本以为自己埋单的概率大，才接受了抛硬币决定的提议。现在没有办法，只有让部下去埋单了。其实，科长与部下埋单的概率不是2/3比1/3。

　　表面上看来，抛2枚硬币，结果只有正正、反反和正反3种情况。因此，科长才会认为正正和反反出现的概率为2/3。

　　实际上，抛2枚硬币出现的情况有正正、正反、反正和反反四种情况。这也就是说，一正一反的情况不止1种，而是2种。如果拿2枚面值不同的硬币，就容易理解了。

　　因此，抛2枚硬币出现正正和反反的概率和出现一正一反的概率是一样的，都是1/2。然而，科长听信了部下的话，认为正正和反反的概率为2/3，就中了部下的"圈套"。

　　这个问题和前面讲过的生2个孩子求2个孩子为一男一女的概率是一回事儿。

争相埋单

抛2枚硬币时，可能出现的结果：

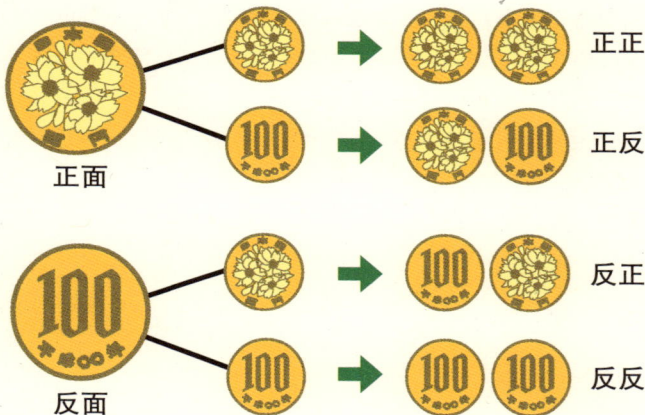

正面

正正

正反

反面

反正

反反

实际上，这和生2个孩子求2个孩子为一男一女的概率是一回事儿。

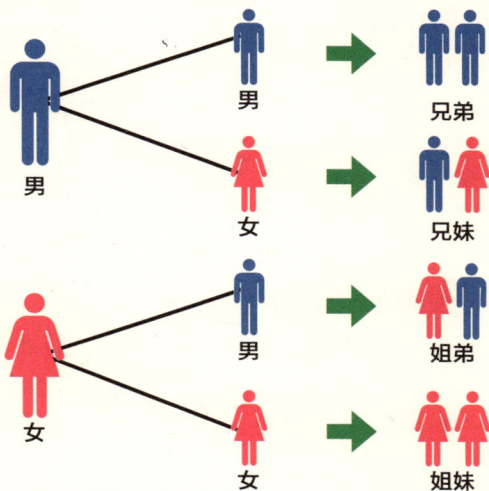

男

男

兄弟

女

兄妹

女

男

姐弟

女

姐妹

刚从学校毕业即将步入社会的年轻人都希望找一份合适的工作。可是，目前的经济状况一直不景气，找个工作都很难，很多公司的面试通过率也很低，年轻人该怎么办呢？其实，年轻的朋友不必灰心丧气。从概率学的角度讲，只要坚持不懈地努力，成功的概率就会不断提高。

前面我们讲过，一件成功概率为50%的事情，只要我们反复做5次，就可以把成功概率提高至97%。

如果5家公司的面试通过率都是50%，那么我们去这5家公司面试时至少可以通过1家公司面试的概率也为97%。

将每家公司面试不合格的概率相乘，就可以得出去5家公司面试都不合格的概率，即：

$$0.5^5 \approx 0.03 = 3\%$$

用1减去都不合格的概率，得出的便是至少可以通过一家公司面试的概率，即：

$$1 - 3\% = 97\%$$

同样，如果面试的通过率都为30%，面试5家，至少可以通过1家面试的概率为83%。

如果面试的通过率仅为10%，连续面试10家，至少可以通过1家面试的概率为65%。如果连续面试20家，至少通过1家面试的概率则高达88%。

此外，如果几家公司的面试通过率各不相同，分别是10%、20%、30%、40%和50%，那么参加这几家公司的面试后，至少能通过1家面试的概率该如何计算呢？

即使各个公司的面试通过率各不相同，同样可以利用前面的方法进行计算。首先将各个公司面试不合格的概率相乘，就可以得到去任何一家公司面试都不合格的概率，再用1减去这一概率，便得到至少能通过1家公司面试的概率。

因此，

$$1 - （0.9 × 0.8 × 0.7 × 0.6 × 0.5） ≈ 0.85 = 85\%$$

这也就是说，至少通过1家公司面试的概率为85%。

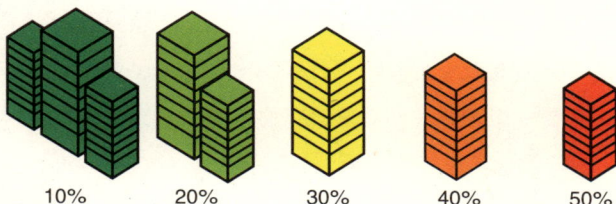

成功的
秘　诀

面试的通过率

10%　　20%　　30%　　40%　　50%

几家公司面试的通过率分别为
10%、20%、30%、40%和50%

我们参加通过率各不相同的面试时，至少通过1家公司面试的概率该如何计算？

首先将各个公司的面试不合格的概率相乘，可以得到去任何一家公司面试都不合格的概率，再用1减去这一概率

$1-（0.9×0.8×0.7×0.6×0.5） ≈0.85=85\%$

至少通过1家公司的面试的概率为85%。

反对公司新方针的员工占几成

新上任的社长为公司制订了新方针。关于新方针，社长想大体了解一下有多少员工赞成，又有多少员工反对。于是，便随机找出100名员工进行调查。

当然，可以用无记名方式对这100名员工进行问卷调查。不过，既然我们在讲概率学知识，就用概率学的方法做这个调查。

如果用传统的办法，对这100人说："反对新方针的人请举手。"那么，肯定有人心存顾虑不敢如实表达自己的看法。因此，我想了一个办法，让持反对意见的人也敢大胆举手。

首先，让这100人同时抛硬币，不论抛出正面还是反面，都不得让其他人看到。然后，让所有抛出正面的人以及抛出反面但反对公司新方针的人一起举手。这样做有一个好处，那就是可以让反对新方针的人也敢大胆举手。在他们看来，举手的人不一定全是反对新方针的人，也有抛出正面的人。

结果，100人中有70人举手。那么，从这一结果如何计算出反对新方针员工的比例呢？请往下看。

抛硬币时出现正面的概率是1/2，即50%。因此，这100人中，抛出正面的有100 × 1/2 = 50人，而抛出反面的也有50人。

然后，用举手的总人数70人减去抛出正面的人数50人，得出的20人就是反对新方针的人数。这20人是抛出反面的50人中的20人，因此反对新方针的员工比例为：20/50 = 0.4=40%。

当然，得出这一结果的前提是我们假设抛出正面和反面的人数刚好是50比50。不过，实际比例与理论比例会有一定的出入。100人抛硬币，结果出现的正面与反面的比例刚好是50比50的情况非常少见。不过，相差也不会太大。

我们的目的就是大体了解员工对新方针的反对倾向。因此，这样的准确度已经足矣。如果想得到更为准确的结果，可以用以上方法反复实验几次，求出平均值即可。

成功的秘诀

反对公司新方针的员工占几成

首先让100名员工同时抛硬币，不论抛出正面还是反面，都不得让其他人看到

抛出正面的人，全部都举手

抛出反面的人中，反对新方针的人举手

结果，100人中有70人举手

这70人中，有50人是抛出正面的人

其余的20人则是抛出反面并反对新方针的人

反对公司新方针的员工的比例= 20 /50 = 0.4 = 40%

瞎猜也能答对选择题吗

现在用计算机阅卷的考试越来越多。于是，在考卷上，便于计算机阅卷的选择题的比例也越来越大。你想过做选择题全凭瞎猜能得多少分吗？

比如，有5道3选1的选择题，5道题全部答错的概率为：

$$(\frac{2}{3})^5 = \frac{32}{243} \approx 13\%$$

那么，用1减去5道题全部答错的概率，就可以得到至少有1道答对的概率：

$$1 - 13\% = 87\%$$

由此可见，即使不看题目，瞎猜乱选，也有近90%的概率至少可以答对1道题。当然，我绝不是鼓励大家在考试中胡乱做选择题。如果知道正确答案，还是要选对应的选项。

再比如，如果考试中有10道选择题，每道题都有4个选项，但其中只有1个正确答案。在这种情况下，至少能猜对1道题的概率有多大？

10道题全部答错的概率为：

$$(\frac{3}{4})^{10} \approx 0.056 = 5.6\%$$

用1减去10道题全部答错的概率5.6%，得到的就是至少能猜对1道题的概率，即94.4%。由此看来，即使瞎猜乱选，做10道题至少能猜对1道还是不难的。

那么，做10道题猜对5道的概率又该如何计算呢？通过下面的公式可以算出概率为P的事情发生r次的概率：

$$_nC_r \times P^r \times (1-P)^{n-r}$$

前面已经讲过，$_nC_r$是从n个元素中选出r个元素的公式，计算方法为$_nC_r = n! \div r! \times (n-r)!$。一看公式里全是符号，你可能会觉得有点儿晕。其实，只要把具体的数字代入公式，就容易理解了。

我们的问题是"有10道4选1的选择题，猜对其中5道的概率有多大"，换言之就是"在10道题中，概率为1/4的情况出现5次的概率有多大"。

一共有10道选择题，所以n=10；由于是4选1的选择题，所以P=1/4；问的是猜对5道题的概率，所以r=5。把n=10、P=1/4和r=5代入上述公式中，便得到：

$$_{10}C_5 \times \left(\frac{1}{4}\right)^5 \times \left(\frac{3}{4}\right)^5$$
$$= 252 \times \frac{1}{1024} \times \frac{243}{1024} \approx 0.058$$
$$= 5.8\%$$

因此，做10道4选1的选择题，猜对其中5道的概率仅有5.8%。

也就是说，猜对的题目数越多，实现的概率越小。因此，要想在考试中取得好成绩，光靠运气瞎猜乱选是行不通的，必须得有真才实学。

成功的秘诀　瞎猜也能答对选择题吗

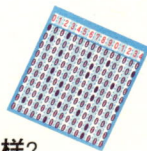

有10道4选1的选择题，如果瞎猜乱选，结果会怎样?

全部猜错的概率为：$(\frac{3}{4})^{10} \approx 0.056 = 5.6\%$

那么，至少猜对1道的概率为：$1 - 5.6\% = 94.4\%$

有10道4选1的选择题，如果瞎猜乱选，猜对其中5道的概率有多大?

以下是求概率为P的情况发生r次的概率的公式，将题目中的数字代入公式中，

$$_nC_r \times P^r \times (1-P)^{n-r}$$

有10道4选1的选择题，请问猜对其中5道的概率有多大
=在10道题中，概率为$\frac{1}{4}$的情况出现5次的概率有多大

↓

一共有10道选择题，所以n=10；由于是4选1的选择题，所以$P=\frac{1}{4}$；问的是猜对其中5道的概率，所以r=5

$$_{10}C_5 \times (\frac{1}{4})^5 \times (\frac{3}{4})^5$$
$$= 252 \times \frac{1}{1024} \times \frac{243}{1024} \approx 0.058 = 5.8\%$$

成功的秘诀 买多少盒糕点才能收集齐全套玩偶

现在，商家的营销手段简直到了登峰造极的地步。比如，有的食品厂商会在糕点的盒子里附赠造型独特、制作精良的玩偶，其中不仅有小动物和卡通人物，还有明星的卡通形象。与糕点相比，也许这些可爱的玩偶更加吸引人。

其实，这种附赠玩具的营销手段早已出现，只不过现在的厂商把它运用到了一个新的高度。包装盒中附赠的玩具不仅对小朋友有很强的吸引力，就连很多成年人也为之着迷。本来糕点是主要商品，玩偶之类的玩具只是附赠品，但是现在看来，糕点似乎成了附赠品。

由于糕点的盒子里装入了玩偶，它不仅可以在超市的食品柜台销售，还可以在玩具店销售。由此可见，商家的这一营销手段还极大地拓展了商品的市场。

其实，这种营销手段的高明之处还包括以下两个方面：第一，附赠的玩偶是成套的，有的10种一套，有的20种一套，有的甚至更多；第二，从糕点的包装盒看不出里面装的是哪种玩偶，只有买回家打开包装盒才能知道。于是，那些想集齐一整套玩偶的人必须多多购买这种糕点。

此外，商家还会有意控制附赠玩偶中一种或几种的数量，降低它们出现的概率，从而加大集齐一整套玩偶的难度，而这恰恰能激发收集者的兴趣。于是，为了收集齐一整套10个玩偶，有人甚至会买几十甚至上百盒的糕点。

接下来，我们将从概率学的角度研究一下，要收集齐一整套玩偶，平均需要买多少盒糕点。

假设，一套有2种玩偶。要集齐这2种玩偶，我们平均要买多少盒糕点？

为了便于计算，我们假设这2种玩偶出现的概率是相同的。只要买1盒糕点，我们就可以得到其中1种玩偶。之后再买糕点时，得到另一种玩偶的概率为1/2。这就是说，再买2盒糕点就有可能得到另外一种玩偶。不过，这只是平均值，实际情况不一定如此。

我们再来看看更为复杂的情况。假设一套共有5个玩偶，那么要集齐一整套玩偶，平均要买多少盒糕点？我们同样假设5种玩偶出现的概率相同。

只要买1盒糕点，我们就可以得到第一种玩偶；再买糕点时，第二种玩偶出现的概率为4/5，而4/5的倒数为5/4 = 1.25，也就是说平均要买1.25盒糕点才能得到第二种玩偶；同理，5/3 ≈1.67，即平均要买1.67盒糕点才能得到第三种玩偶；第四种，5/2 = 2.5，即2.5盒；第五种，5/1 = 5，即5盒。因此，要集齐所有5种玩偶的话：

$$\frac{5}{5} + \frac{5}{4} + \frac{5}{3} + \frac{5}{2} + \frac{5}{1}$$
$$\approx\ 1 + 1.25 + 1.67 + 2.5 + 5 = 11.42盒$$

平均购买12盒糕点就可以了。

如果一套有10种玩偶，平均要买29盒糕点才能集齐整套玩偶；如果一套有20种玩偶，则平均要买72盒糕点才能收集齐整套玩偶。我要反复强调的是，前面计算出来的只是平均值，并不是说实际购买这么多糕点就一定能集齐整套玩偶。不仅如此，实际上，商家还会有意降低某种玩偶出现的概率，于是要买更多的糕点才有可能集齐整套玩偶。

第四章
概率学知识助您
"赌场得意"

有的"彩民"长期买彩票，可是从来都没中过奖，即使想尽办法也不见有任何起色。最近，据说有的彩票销售网点的中奖概率高，大家就纷纷去那里买彩票。这个办法真的可行吗？在本章中，我将为大家介绍概率学在博彩领域的应用。

为什么我中不了大奖

很多人梦想着一夜之间暴富，成为亿万富翁。他们长期购买彩票，希望能有幸中个大奖，可是这样的幸运从未降临到自己头上。于是，他们开始怀疑彩票到底有没有大奖，是不是都是骗人的？再看看自己周围的"彩民"，似乎也没有人中过奖。当然，即使有人中了大奖，大多也不会到处宣扬。

美国有一个州流传着这样一句俗话："买彩票就赶星期五。"为什么这么说呢？那是因为第二天即星期六就是彩票的开奖日。

按照当地的规定，彩票开奖当天不得销售彩票，因此最好在开奖前一天即星期五购买彩票。那么，在星期五前买彩票不行吗？不行！因为越早买彩票，离开奖的日期就越长，人不幸死于交通事故的可能性也越大。有谁希望在得知自己中奖的消息前就离开人世呢？换句话说，彩票中大奖的概率还没有死于交通事故的概率高。

再举个例子，2006年日本的夏季彩票大奖中，一等奖的奖金为2亿日元，中奖概率仅有1000万分之1。不过，说到1000万分之1，你能想象出这到底是个多大的概率吗？你可能只知道这是一个非常难中奖的概率，但具体有多难中奖呢？

日本首都东京的人口约为1000万。如果所有东京人每人买1张彩票，那么只有1人能中大奖。再把范围扩大到全日本，日本全国的总人口约为1.2亿。如果所有日本人每人买1张彩票，那么全日本共有12人可以中一等奖。这就是1000万分之1的概率。

如果上面打的比方还不够直观，我再来举个更为形象的例子。

以前日本人使用一种大桶装米，现在这种大桶已经很少见了。这样的大桶每桶大约可以装260万~300万粒大米。假设1个大桶中装有260万粒米，那么1000万分之1的概率就相当于从4桶米中选出1粒米的概率。现在，你能想象出1000万分之1的概率是个什么概念了吧。

不过，举上面的例子只是为了便于你理解1000万分之1的概率，其中的数字都是概数。

把这4桶米装入一个更大的容器中，然后把其中1粒米涂成黑色，并混入其他大米之中。此时，让你闭上眼睛抓出10粒大米（相当于买10张彩票），或者抓出30粒大米（相当于买30张彩票）。如果其中有涂黑的大米，就相当于买彩票中了一等奖。

显而易见，抓到那粒黑色大米的可能性微乎其微。不过，如果那4桶大米都归你，其中那粒黑色的大米也一定是你的。这就是说，如果能把所有彩票都买下来，肯定能中奖。

概率学助您"赌场得意"

彩票一等奖中奖概率=1000万分之1

概率为1000万分之1是个什么概念？

所有东京市民每人买1张彩票，那么只有1个人能中一等奖。

所有日本人每人买1张彩票，那么只有12个人能中一等奖。

4桶大米中的1粒

日本平均每天有7人中1000万日元以上的大奖

买彩票中奖的概率很低，但是如果不买，中奖概率就等于0。实际上，还是有很多人中奖。

2004年，日本"长者白书彩票"1亿日元以上的大奖就开出534注。假设每个大奖的中奖者只有1人，这一年平均每天就约有1.4人中1亿日元以上的大奖。

此外，这种彩票开出的大奖还包括：1000万日元以上的大奖2825注，即平均每天有7人中这个级别的大奖；100万日元以上的大奖13 478注，即平均每天有36人中这个级别的大奖。100万日元以上奖金的中奖概率为1/40。此外，10万日元以上的大奖平均每天有510人中得，其中奖概率为1/3。这些数据都难以置信吧！吃一碗泡面的时间，居然就有1人中10万日元的大奖。

看了上面一组数字，是不是感觉买彩票似乎很容易中奖呢？

那么，究竟什么人容易中奖呢？对中奖者的相关数据和资料进行分析后发现了这样一个情况：1000万日元以上的中奖者中，男性占65.9%，50岁以上的人占6成左右；1000万日元以上大奖的中奖者中，有59.5%的人"彩龄"都在10年以上。

根据相关数据，我们总结出了中大奖者的大致特征：

[男性] 购买彩票的经历在10年以上，60多岁，买30注，双鱼座公司职员，名和姓的第一个字母分别为T和K（日本人的名字多为汉字，这里所说的"名和姓的第一个字母"是指拼音的第一个字母。下同）。

[**女性**] 购买彩票的经历在10年以上，50多岁，买10注，水瓶座家庭主妇，名和姓的第一个字母分别为K和M。

概率学 助您"赌场得意"

日本平均每天有7人中1000万日元以上的大奖

男性
772人
65.9%

女性
399人
34.1%

名和姓的第一个字母

男性		女性	
1位	T.K 28人	1位	K.M 12人
2位	K.K 24人	2位	M.S 11人
3位	T.M 20人	3位	M.K 10人

购买注数

不足10注	33人	2.8%
10注	163人	14.0%
11~19注	25人	2.1%
20~29注	103人	8.8%
30注	121人	10.3%
31~49注	35人	3.0%
50~99注	84人	7.2%
100注以上	86人	7.3%
未回答	521人	44.5%
合计	1171人	

初次	25人	2.1%
不满1年	44人	3.8%
1年以上5年以下	107人	9.1%
5年以上10年以下	186人	15.9%
10年以上	697人	59.5%
未回答	112人	9.6%
合计	1171人	

	男性		女性		合计	
30岁以下	45人	5.8%	19人	4.8%	64人	5.5%
30~39岁	124人	16.1%	61人	15.3%	185人	15.8%
40~49岁	129人	16.7%	82人	20.6%	211人	18.0%
50~59岁	230人	29.8%	129人	32.3%	359人	30.7%
60岁以上	244人	31.6%	108人	27.0%	352人	30.0%
合计	772人		399人		1171人	

※2004年日本"长者白书彩票"的中奖数据。

彩票越买越赔钱吗

请读者不要嫌我啰唆，我再重复一遍：虽然买彩票中奖的概率并不高，但是不买绝对不可能中奖。也就是说，要想获得成功，必须得付诸行动。话虽这么说，如果只想靠买彩票发财，可能会越买越赔钱。

我们以日本2006年的夏季彩票为例。买1注要花300日元，但是平均每注的期待金额只有142日元。那么，如果花3000日元买10注，总的期待金额也只有1420日元。

如果你买过这种彩票，也许会有所体会。如果我们花3000日元买了10注，大多时候都是什么奖都没有中，或者只中个300日元的安慰奖。如果不断地以10注为单位购买彩票，也许偶尔能中个1万日元。不过，根据大数法则可以知道，我们买彩票的次数越多，获得的奖的平均金额就越接近期待金额1420日元。

由此可见，花300日元买1注彩票，平均下来只能赚回142日元，即赔了158日元。如果一次买10注，就会赔掉1580日元。

买彩票的时间越久，实际收回的金额就越接近理论上的期待金额。因此，如果年复一年坚持买彩票，会赔掉一半以上的钱。

因此，从概率学的角度来看，不买彩票才不会赔钱。当你路过彩票销售点又想一试身手的时候，不妨先冷静一下，忍一忍，直接走到最近的银行，把买彩票的钱存起来。如果每次想买彩票的时候都这样做，过些年你会发现自己存了一大笔钱。

然而，如果不买彩票，就永远与数千万甚至上亿的巨额奖金无缘。此时，我们不妨换一种思维，不要光想靠买彩票发财，而应把买彩票当成一种乐趣，给自己一点儿希望。花3000日元买彩票，可以让自己快乐地期待一个月，何乐而不为呢？

其实，买彩票的快乐就在于对中奖的期待和想象，例如，"如果中了3亿日元，我该怎么花呢……"买彩票就等于给自己买一个梦想。

概率学 助您"赌场得意"

日本夏季彩票的中奖金额

一等奖	2亿日元	1注
一等奖前后奖	5000万日元	2注
一等奖不同组的奖	10万日元	99注
二等奖	1亿日元	3注
三等奖	1000万日元	10注
四等奖	10万日元	100注
五等奖	3000日元	10万注
六等奖	300日元	100万注
开心夏日奖	1万日元	1万注

花300日元买1注的平均期待金额为 **141.99日元（约142日元）**

●买彩票有没有必中的方法?

买彩票中大奖的概率非常低,有时一等奖的中奖概率只有1000万分之1。即便如此,也有一种方法可以保证中大奖。如果你实在想体验一下中大奖的滋味,那么可以试试我推荐的方法。不过,这个方法可不是谁都能用的。想利用这种方法,你必须得有30亿日元!

这个方法很简单,那就是用30亿日元买下所有的彩票。300日元1注,一共1000万注,刚好就用30亿日元。这样一来,保证能中一等奖。不止一等奖,任何奖都不会错过,全中!

不过,即使中了所有的奖,全部奖金加在一起也只有14亿1990万日元,这和我们前面讲的期待金额是一致的。然而,你是花30亿日元买下了所有彩票,因此,最后算下来还是赔了15亿8010万日元。

虽然利用这个方法可以中所有奖,但是我想没有人愿意干这种傻事吧。

概率学
助您"赌场得意"

一定中奖的方法

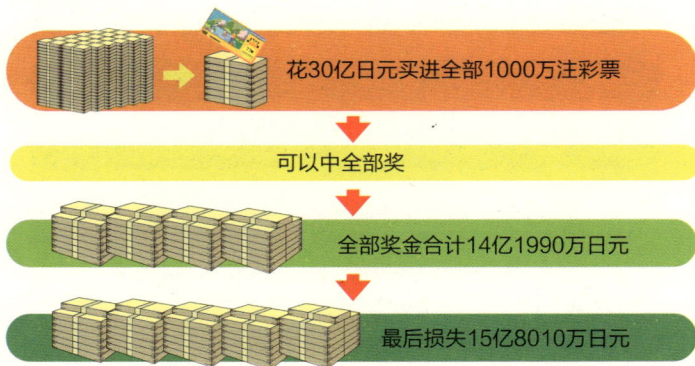

花30亿日元买进全部1000万注彩票

可以中全部奖

全部奖金合计14亿1990万日元

最后损失15亿8010万日元

真有"幸运彩票销售点"吗

每到彩票发售日，总有个别彩票销售网点门前排起长龙一样的队伍。

为什么会出现这样的情况呢？因为人们相信到那里买彩票中奖的概率更高。这就是所谓的"幸运彩票销售点"。所谓"中奖概率高"是指该彩票销售点以前卖出的彩票中曾中过多个大奖。那么，世界上真有这么幸运的地方吗？很遗憾，实际上根本不存在什么所谓的"幸运彩票销售点"。可是，这个销售点卖出去的彩票中过那么多大奖，这又该做何解释呢？原因很简单，只是这个销售点卖出的彩票数量多而已。实际上，卖出的彩票数量越多，中奖的概率也越高，这是理所当然的事情。

只因那家彩票销售点辉煌的中奖史，就判断那里很幸运，这其实是一种误解。

概率学
助您"赌
场得意"

"幸运彩票销售点"只是人们的误解

某个彩票销售点卖出的彩票更容易中大奖（误解）

因为该销售点卖出的彩票数量多

卖出的彩票数量越多，中大奖的概率当然就越高

哪种血型的人更容易中大奖

根据2002年日本"长者白书彩票"的统计数据，我们对1000万日元以上大奖的中奖者的血型进行了分析，分析结果如下：容易中大奖的血型分别为A型39.3%、O型26.1%、B型19.0%以及AB型10.4%（未回答者5.2%）。

从这个结果来看，似乎A型和O型的人比B型和AB型的人容易中大奖。事实上果真如此吗？其实不然，这个分析结果只是一个表面现象。

事实上，中大奖者的血型比例刚好与日本人的血型比例吻合。日本人的血型比例为A型40%、O型30%、B型20%以及AB型10%。

因此，并不存在某个血型的人更容易中奖的事情。统计中奖者的血型比例会出现上述结果也是必然的，因为所有日本人的血型比例本来就是如此。

概率学助您"赌场得意" **血型与中奖概率没有关系**

	中奖者的血型比例	日本人的血型比例
A型	39.3%	40%
O型	26.1%	30%
B型	19.0%	20%
AB型	10.4%	10%
未回答	5.2%	

叫什么名字更容易中大奖

根据2004年日本"长者白书彩票"的统计数据，我们对1000万日元以上大奖中奖者姓名的第一个字母进行了分析，结果发现男性中奖者中姓名的第一个字母分别为T.K、K.K和T.M的居多；而女性则以K.M、K.S和M.K的居多。

看到自己姓名的第一个字母恰好是上述统计结果中的一种，会不会觉得自己也容易中大奖呢？呵呵，当然不会。其实，这和前面讲的血型一样，上述几种姓名首字母的组合也是日本最常见的几种。叫这样名字的人较多，当然中奖的概率也大。实际上，已经有人对此做过验证了，请看下面的例子。

概率学 助您"赌 场得意"
日本人常用的姓名

日本人常用的姓名（第一个字母）

第一位	K（14.50%）
第二位	S（14.31%）
第三位	T（11.30%）

※引用自《只要刮风，卖水桶的就可以多赚0.8%？！》（丸山健夫 著／PHP新书）

上面的例子引自《只要刮风，卖水桶的就可以多赚0.8%？！》（丸山健夫 著／PHP新书）一书。该书中有一节叫作"T.K君更容易中彩票？"在这一节中，作者丸山健夫公布了对日本人姓名第一个字母的统计结果，如上所示。由此可见，日本人姓名的第一个字母出现最多的就是K、S、T和M。因此，名字的首字母为K、S、T和M的人买彩票中奖的也较多，这也是理所当然的事情。

什么号码更容易中大奖

有很多杂志或网站会根据以前的彩票中奖数据预测以后的中奖趋势。他们真能分析出更容易中奖的号码吗？真的有更容易中奖的号码吗？我可以斩钉截铁地说，根本不存在这样的号码！

以下是3张号码不同的彩票，如果免费送你一张，你会选哪一张？

77组777777　　　　　　　01组234567　　　　　　　51组309482

我想大部分人都会选最后一张"51组309482"。大多数人都会认为像"77组777777"和"01组234567"这样规则的号码中奖的概率会很低，而越是不规则的号码越容易中奖，比如"51组309482"。

即使并不相信有些号码更容易中奖，人们在面对"77组777777""01组234567"和"51组309482"这三组号码时，还是会下意识地估算每组号码的中奖概率，从而选择中奖概率更高的那组号码。

然而，正如前面所讲的，号码根本不存在容易中奖和不容易中奖之分。一套彩票发行1000万注，每组号码都是其中的1注。不管是"77组777777"还是"51组309482"都是1000万注中的1注，因而它们的中奖概率是一样的。

因此，不管是规则排列的号码，还是没有规则可循的号码，中奖的概率都一样，即没有容易中奖和不容易中奖之分。尽管如此，大部分人还是愿意选择不规则的号码。这是一种先入为主的观念在作怪。

概率学 助您"赌场得意" 什么号码更容易中大奖

在以下三组号码中，你感觉哪一组号码更容易中奖？

77组777777

01组234567

51组309482

77组777777

01组234567

→ 人们大多认为排列规则的号码不容易中奖。

51组309482

→ 大多数人认为这三组号码中这组最容易中奖。

以上三组号码都是1000万注彩票中的1注，没有哪注有特别之处，中奖的概率都一样。

你会选择哪种方式买彩票

经常有人问，买彩票时，是买连号好呢？还是散买好？所谓连号就是同一组中号码相连的几注彩票；而所谓散买就是不买连续的号码或者不买同组的号码。从表面上来看，散买的范围更大一些，中奖的概率也高一些。

实际上，这和号码没有容易中奖和不容易中奖之分是一个道理。散买的中奖概率并不比买连号高，二者的中奖概率是一样的。

二者唯一的区别就在于对奖的时候，买连号的人很容易就能确定自己是否中奖，散买的人则要一注一注地核对自己的彩票，才能确定自己是否中奖，因而需要多花一点儿时间。由此看来，和买连号的人相比，散买的人可以多享受几分钟买彩票的乐趣。

此外，买连号还有一个好处。如果有一组号码中了一等奖，与其相连的号码也可以中奖，从而一举获得高额奖金。

买数字彩票（选数字的彩票）时也会出现类似的问题。有人会问是一直买一组号码好呢？还是每次买不同的号码好？哪种方法中奖的概率更高？有人觉得，只要我一直买一组号码，总有一天会轮到我中奖。

事实上，不管用哪种方法，中奖的概率都是一样的。新一期的彩票没有记忆，不会知道上一期的中奖号码。所以，并不能说上一期的中奖号码在这一期就不容易中奖。因此，不管怎样挖空心思想出各种买法，结果都一样，因为中奖概率是不会发生改变的。

数字彩票中有更容易中奖的数字吗

数字彩票是一种可以自由选择数字的彩票。有人会研究哪些数字容易中奖，而哪些数字不容易中奖。他们会把以前各期的中奖结果统计出来进行分析，研究各个数字的出现频率和出现规律，并据此预测下一期的中奖号码。

说到底，数字彩票和其他彩票一样，数字之间根本不存在容易中奖和不容易中奖之分。

以前各期彩票的中奖号码与今后的中奖号码之间根本不存在任何关系。不论对过去的数据进行什么样的研究，预测出来的数字和瞎猜的数字之间不存在中奖概率的区别。

从表面上看来，以前出现频率较高的数字，以后还会不断出现。可是，真当我们买了那个数字，它又不出现了。这真让人捉摸不透。

买彩票时参考前一段时间的中奖数据根本没有任何意义。

数字彩票中，每位数字都是0到9这10个数字中的一个，每个数字出现的概率都是1/10。从长远来看，每个数字出现的概率都是一样的。

因此，买数字彩票时，不论是自己精心挑选的数字还是机器随机选择的数字，二者的中奖概率是完全一样的。

数字彩票中不存在更容易中奖的数字

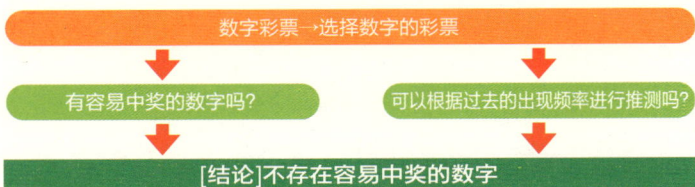

数字彩票→选择数字的彩票

有容易中奖的数字吗？

可以根据过去的出现频率进行推测吗？

[结论]不存在容易中奖的数字

■ 3位数字彩票的中奖概率

中奖数字为3个不同的数字，例如"1、2、3"。

申请方式	中奖概率	理论上的中奖金额
数字、位置全中	1/1000	90 000日元
数字全中	6/1000	15 000日元
套选数字、位置全中	1/1000	52 500日元
套选数字全中	5/1000	7500 日元
只选后2位	10/1000	9000 日元

中奖数字中有2个相同，例如"1、1、2"。

申请方式	中奖概率	理论上的中奖金额
数字、位置全中	1/1000	90 000日元
数字全中	3/1000	30 000日元
套选数字、位置全中	1/1000	60 000日元
套选数字全中	2/1000	15 000日元
只选后2位	10/1000	9000 日元

像"1、1、1"这种3个数字都相同的情况，只能申请数字、位置全中。

■ 4位数字彩票的中奖概率

中奖数字为4个不同的数字，例如"1、2、3、4"。

申请方式	中奖概率	理论上的中奖金额
数字、位置全中	1/10 000	900 000日元
数字全中	24/10 000	37 500日元
套选数字、位置全中	1/10 000	468 700日元
套选数字全中	23/10 000	18 700日元

中奖数字中有2个数字相同，例如"1、1、2、3"。

申请方式	中奖概率	理论上的中奖金额
数字、位置全中	1/10 000	900 000日元
数字全中	12/10 000	75 000日元
套选数字、位置全中	1/10 000	487 500日元
套选数字全中	11/10 000	37 500日元

中奖数字中两两相同，例如"1、1、2、2"。

申请方式	中奖概率	理论上的中奖金额
数字、位置全中	1/10 000	900 000日元
数字全中	6/10 000	150 000日元
套选数字、位置全中	1/10 000	525 000日元
套选数字全中	5/10 000	75 000日元

中奖数字中有3个数字相同，例如"1、1、1、2"。

申请方式	中奖概率	理论上的中奖金额
数字、位置全中	1/10 000	900 000日元
数字全中	4/10 000	225 000日元
套选数字、位置全中	1/10 000	562 500日元
套选数字全中	3/10 000	112 500日元

像"1、1、1、1"这种4个数字相同的情况，只能申请数字、位置全中。

概率学助您"赌场得意" 在数字彩票中，上一期的中奖数字还会在这一期出现吗

据说在数字彩票中，上一期的中奖数字还会出现在新一期中。有这种可能吗？

我先告诉大家结论，在3位数字的彩票中，新一期的中奖数字中含有上一期中奖数字的概率约为61%。在4位数字的彩票中，新一期的中奖数字中含有上一期中奖数字的概率则高达80%左右。也就是说，新一期的中奖数字中不出现上一期中奖数字的可能性反倒小一些。

由此可见，上一期中奖的数字很有可能再出现在新一期的中奖数字中。这可不是胡言乱语。不过，这并不意味着只要选择的数字中含有上一期的中奖数字就能轻易中奖。

概率学助您"赌场得意" 不必在意上一期的中奖数字

在数字彩票中，中奖数字连续出现的概率比较高吗？

上一期的中奖数字　**1 2 3 4**　　本期的中奖数字　**1 5 3 5**

在3位数字彩票中，某个数字连续出现的概率为61%。

在4位数字彩票中，某个数字连续出现的概率为80%。

不出现同一数字的可能性反倒小一些

概率学助您"赌场得意" 专买没人气的数字

数字彩票的中奖金额，是彩票的销售总额减去必要的手续费后，再按照中奖人数平均分配得出的数额。如果买大家都会买的数字，一旦中奖，就要和很多人平均分配奖金，人均获得的奖金额也会减少。因此，建议大家买那些没什么人气的数字。如果中奖，也没有那么多人来平分奖金。

据统计，当很多人同时中奖时，中奖数字大多为生日、日期或谐音吉利的数字，比如1225（12月25日），5188（我要发发）和9520（就我爱你）等。很多人都会买这样的数字，希望给自己带来好运。结果，即使中奖也要和很多人平分奖金，自己拿到手的金额并不多。因此，还是尽量买别人不会买的数字为好，这样才有可能自己独中大奖。

概率学助您"赌场得意" 专买没人气的数字

> 中奖者越少，分到自己头上的中奖金额越高

⬇

> 买任何数字的中奖概率都是一样的

⬇

> 因此，还是尽量买别人不会买的数字为好

⬇

> 应该尽量避开以下类型的数字

日期

12月25日
1 2 2 5

2月14日
0 2 1 4

谐音吉利的数字

我 要 发 发
5 1 8 8

就 我 爱 你
9 5 2 0

> 如果中奖后，获得的金额相对较多

概率学助您"赌场得意" 在数字彩票中，数字全中的方式中奖率更高吗

数字、位置全中方式的中奖概率在3位数字彩票中为1/1000，在4位数字彩票中则为1/10000。数字全中方式的中奖概率在3位数字彩票中为3/1000 ~ 6/1000，在4位数字彩票中则为4/10000 ~ 24/10000。由此可见，在3位数字彩票中，数字全中方式的中奖概率是数字、位置全中方式的3 ~ 6倍，在4位数字彩票中则高达4 ~ 24倍。

数字、位置全中，不仅要求猜中全部数字，而且数字的排列顺序也必须和中奖数字一致，这样才算中奖。数字全中方式只要猜中全部数字即可，无须考虑数字的排列顺序。因此，后者的中奖概率当然高于前者。不过，后者的奖金额自然不及前者。如果单从概率的角度考虑，还是数字全中方式的中奖概率较高。

例如，在3位数字彩票中，加入数字、位置全中，像"1、2、3"这种3个数字都不同的中奖数字一共有720种。如果只是数字全中，只要符合"1、2、3""1、3、2""2、1、3""2、3、1""3、1、2"以及"3、2、1"6种中的任何1种都算中奖。因此，中奖数字共有720 ÷ 6 = 120种。

此外，在3位数字彩票中，假设数字、位置全中，像"1、1、2"这种有2个数字相同的中奖数字一共有270种。不过，如果只是数字全中，只要符合"1、1、2""1、2、1""2、1、1"3种中的任何1种都算中奖。因此，中奖数字共有270 ÷ 3 = 90种。

在3位数字彩票中，只要以数字全中的方式购买120 + 90 = 210注，就肯定能中奖。3位数字彩票每注200日元，要买210注，就要花42 000日元。然而，3位数字彩票中数字全中的理论中奖金额为15 000 ~ 30 000日元。因此，这样做虽然能中奖，但结果依然会出现"赤字"。

尽管如此，如果中奖人数不多，每个中奖者实际分得的金额还是高于理论中奖金额。到目前为止，3位数字彩票中数字全中方式的最高奖金为第2期的111 100日元（中奖数字是988）。

　　同样，在4位数字彩票中，只要购买按前面方法计算出的705注彩票，就一定能以数字全中方式中奖。购买705注彩票要花141 000日元。4位数字彩票数字全中方式的最高中奖金额是第149期的518 800日元（中奖数字是7707）。在那一期中，如果购买所有数字全中方式的705注彩票，就可以赚取近38万日元。

概率学助您"赌场得意"　数字、位置全中与数字全中的中奖数字种数

"3位数字彩票的中奖数字种数"

	数字、位置全中	数字全中
合计	1000 种	210 种
3个数字都不相同，如"1、2、3"	720 种	120 种
有2个数字相同，如"1、1、2"	270 种	90 种
3个数字都相同，如"1、1、1"	10 种	——

"4位数字彩票的中奖数字种数"

	数字、位置全中	数字全中
合计	10 000 种	705 种
4个数字都不相同，如"1、2、3、4"	5040 种	210 种
有2个数字相同，如"1、2、3、3"	4320 种	360 种
有3个数字相同，如"1、1、1、2"	360 种	90 种
4个数字两两相同，如"1、1、2、2"	270 种	45 种
4个数字都相同，如"1、1、1、1"	10 种	——

概率学助您"赌场得意" **赌博中有没有必胜的方法**

赌博中有必胜的方法吗？这是赌徒们永远都在思索的问题。我建议大家还是不要白费精力寻找必胜的方法了。一旦发现某种赌博方式中存在必胜的方法，这种赌博方式马上就会被禁止，或者不允许使用必胜的方法。

比如，在扑克牌的"黑杰克"即21点的玩法中，有一种算牌的技巧。利用这个技巧可以合理地提高自己获胜的概率。这种技巧是根据已出的牌预测即将出牌的方法。当然，这种方法不是短时间内就可以掌握的，需要有一定的概率知识和能力。此外，大多数赌场都禁止使用这种技巧。

也就是说，想在赌场中当"常胜将军"是不可能的，赌场也是要赚钱的。换言之，正因为没有必胜的方法，赌博才一直存在到今天。

● 采用"倍赌法"一定能赢钱

前面说了赌博中不存在必胜的方法，这是说现实中不存在这样的方法，但理论上还是有可能的。比如在输一赢二的赌博（下1元钱的赌注，赢了可以获得2元钱）中，有一种叫作"倍赌法"的必胜之法。

那么，什么是"倍赌法"呢？举例来说，就是在输一赢二的赌博中，这一次输了100日元，下一次就下注200日元。如果再输了，接下来就下注400日元。如果这次赢了，就可以赢回800日元。800 —（100 + 200 + 400）= 100日元，因此几个回合下来，还是赢了100日元。也就是说，在赢之前，要成倍地增加赌注，一旦赢了就停止赌博，这样就会赚钱。

不过，要采用这种方法，我们必须得有足够的资金和时间。我们无法知道自己何时才会赢，而且对方（赌场）必须接受这种方法。现实中，很多赌场都规定了一次下注金额的上限。

我们再来看一下，有多少钱才有可能采用倍赌法。假设第一次下注1万日元，如果连输10次，第11次的下注金额就应该是1024万日元。此时，我们已经输掉了2047万日元。如果运气不好，连输了20次，第21次的下注金额就是大约100亿日元。如果这次终于赢了，算一下，你会发现只比最初多了1万日元。因此，从理论上来看，这种倍赌法肯定能赢钱，但是由于风险太大，又需要太多的资金和时间，现实中根本没有人使用。

概率学 助您"赌场得意"　赌博中没有必胜的方法

倍赌法

→在输一赢二的赌博中，输了的话，下次下2倍的赌注。

		赌注金额合计	赢的金额	总计
第一次	100 日元→输	100日元	0 日元	－ 100 日元
第二次	200 日元→输	300日元	0 日元	－ 300 日元
第三次	400 日元→赢	700日元	800日元	100 日元

即使赢了，赢的钱也没多少。

老虎机中大奖的概率

现在市面上的游戏厅中，老虎机中大奖的概率一般都为1/400 ~ 1/300。老虎机说到底就是一台概率机器，它会按照事先编好的概率程序出现大奖。因此，只要游戏厅的老板没有对老虎机的程序做过什么手脚，老虎机就不会出现极端偏离概率法则（比如大数法则）的情况。

不过，也不能保证不会出现极端偏离概率法则的情况。任何事情发生的可能性都不可能是0。

有的老虎机已经很多回合没有出现大奖了。于是，有人会认为它很快就要出现大奖了，或者一旦中奖就是大奖。然而，从概率学的角度考虑，这种想法毫无根据。即使1000个回合都没有中过奖，老虎机中奖的概率也不会突然提高。

此外，假设一台老虎机中大奖的概率为1/400，这并不是说只要我们在这台老虎机上玩上400个回合，就一定能中一次大奖。

就像前面所讲的，抛硬币出现正面的概率是1/2，但这并不是说抛2次就一定要出现一次正面。彩票的中奖率是1/10，但这不等于买10张彩票就一定有1张会中奖。

正如大数法则所讲的，概率为1/400是无数次试验后的平均结果。在一台老虎机上，我们玩得越久，实际的中奖概率就越接近理论上的中奖概率。如果你肯花时间调查玩过同一台老虎机的几万名顾客，统计他们玩的次数和中奖的次数后，一平均就会发现，中奖概率接近1/400。

顺便说一下，有人喜欢在数字即将完全一致时，重重敲一下老虎机。这样做似乎可以让转动的数字停在自己想要的位置，其实根本不起任何作用。现在的老虎机都是由软件程序控制的，不是机械的，对于外部撞击不会有任何反应。

如果真有作用，也许刚好要转到一致的数字被敲击后反倒出现了偏差。因此，还是不要违反游戏厅的规定为好。

概率学
助您"赌场得意"

老虎机中大奖的概率

总是不中奖的老虎机，很快就要出现大奖了吗？

由于一台老虎机的中奖概率是一定的，不会因为很久没有中过奖，以后的中奖概率就会突然提高。

中奖概率为1/400的老虎机，玩400次肯定能中一次奖吗？

就像抛2次硬币，不一定出现正面一样，并不是玩400次就一定能中奖。

●中奖概率为1/400的老虎机，玩多少次可以中大奖

那么，一台中奖概率为1/400的老虎机，到底玩多少次才能中一次大奖呢？计算方法其实并不难。先求出玩到某一次时完全不中奖的概率，再用1减去这一概率，就可以得到当玩到某一次至少可以中一次大奖的概率。

如果一台老虎机中大奖的概率为1/400，那么玩一次不中奖的概率就是399/400。假设玩了x次，把399/400相乘x次，即399/400的x次方，这就是玩x次都不中奖的概率。再用1减去这个概率，就得到玩x次至少中一次奖的概率。

假设一台老虎机中大奖的概率为1/400，玩了100次，这100次都不中奖的概率为（399/400）^{100} ≈ 0.779 ≈ 78%。因此，玩100次至少有一次中奖的概率就是1 − 78% = 22%。

利用同样的方法，我们可以算出玩中奖概率的倒数次的中奖概率。如果中奖概率为1/400，玩400次的中奖概率约为63%。

其实，这一规律不仅适用于老虎机，在抽签或其他任何方式中，只要尝试发生概率的倒数次，发生的概率就是60%左右。

因此，当你哪天去玩老虎机时，如果玩了中奖概率的倒数次后仍没有中奖，还是趁早收手吧。今天的运气不好，你属于那不能中奖的40%的人之列。

此外，在一台中奖概率为1/400的老虎机上，玩280次，至少有一次中奖的概率为50%。如果玩280次还没中，最好罢手，改天再玩。不过，如果能玩上2000次，至少有一次中奖的概率可以高达99%。

我再强调一次，如果玩了2000次还是没有中奖，那也是正常的。不要误认为只要再坚持一下，马上就能中奖了。还是尽快收手吧！

玩老虎机的次数与中奖概率

如果一台老虎机的中奖概率为1/400，玩的次数与至少中一次奖的概率之间存在如下关系。

玩的次数	中奖概率
50	11.8%
100	22.1%
150	31.3%
200	39.4%
250	46.5%
280	50.4%
300	52.8%
350	58.4%
400	63.3%
450	67.6%
500	71.4%
600	77.7%
700	82.7%
800	86.5%
900	89.5%
1000	91.8%
1500	97.7%
2000	99.3%

梭哈的概率

扑克牌中比较有代表性的游戏叫作show hand，俗称"梭哈"。在世界各国有关赌博的电影中，经常能见到这种玩法。给我们印象最深的莫过于香港的影片，里面的"赌神""赌侠"和"赌圣"都把梭哈玩到了出神入化的境界。梭哈的玩法比较简单，一副牌共52张，每人发5张，通过比大小分胜负。在发牌的过程中，你可以根据自己手里的牌，更换部分或全部牌。梭哈的规则简单，玩起来又很刺激，因而广受欢迎。

当然，在梭哈游戏中取胜也是需要一点儿运气的，不过玩牌的实力和叫牌的技巧也可以从很大程度上左右胜负。如果大家的运气相同，肯定是实力高、叫牌技巧好的玩家赢。即使运气不好，只要有实力，同样可以提高获胜的概率。

梭哈中的叫牌是非常关键的心理较量。有实力的老手会让人捉摸不透他手里到底拿着什么牌。有时，他手里的牌并不好，却装出一副信心十足的样子。有时，手里的牌很好，反倒表现得很低调。这也正是梭哈的魅力所在。在英语中有一个短语为"poker face"，最初用来形容梭哈老手那令人难以捉摸的表情，后来引申为面无表情、不动声色的样子。

在梭哈中，各种牌出现的概率如下表所示。出现的概率越小，牌面的威力越大。从52张牌中抽出5张牌的情况数一共有2 598 960种。

最厉害的牌面组合叫作"王牌同花顺"，它只占2 598 960种情况中的4种，由此可见它出现的概率之小。

梭哈的概率

单牌（每张牌都不同，不属于以下任何组合方式）		50.12%
一对（One Pair，有2张数字相同）	♥3 ♣3 ♠K ♥4 ♦8	42.26%
两对（Two Pairs，有2对数字分别相同）	♥J ♣J ♥4 ♦4 ♠7	4.75%
三条（Three Cards，有3张数字相同）	♠5 ♥5 ♦5 ♠K ♣2	2.11%
顺子（Straight，一串连续数字）	♣5 ♦6 ♦7 ♥8 ♣9	0.39%
同花（Flush，5张牌为同种花色）	♣Q ♣10 ♣7 ♣5 ♣4	0.20%
葫芦（Full House，三条加一对）	♠2 ♥2 ♠2 ♣8 ♣8	0.14%
四条，又叫铁支（Four Cards，4张数字相同）	♠7 ♦7 ♠7 ♥7 ♥3	0.024%
同花顺	♥3 ♥4 ♥5 ♥6 ♥7	0.0014%

（Straight Flush，花色相同的一连串数字）

王牌同花顺	♠10 ♠J ♠Q ♠K ♠A	0.00015%

（Royal Straight Flush，相同花色的10、J、Q、K、A）

在概率学中，有一个名叫"获胜的概率与资金成正比"的著名理论。假设A和B两个人抛硬币赌博，如果出现正面，算A获胜；如果出现反面，算B获胜。他们一直赌到其中一人破产为止。根据以上理论，二人获胜概率之比与二人的资金比例应当是一致的。假设A有200万日元，B有100万日元，那么A赌博获胜的概率就是B的2倍。如果A有1000万日元，B有100万日元，那么A获胜的概率则是B的10倍。

赌场拥有雄厚的资金，因而赌徒总也赢不过赌场，大多数赌徒到头来都输得精光。

如果对手的赌金比你多，切勿赌到自己输光才肯罢手。在这种情况下，一定要在短时间内分出胜负，赢了就跑才是上策。

概率学 助您"赌场得意"

获胜的概率与资金成正比

A和B赌博，一直要赌到其中一人破产为止。
二人获胜概率之比与二人的资金比例是一致的

↓

我们不能到赌场输得精光时才肯罢手

要在短时间内分出胜负，赢了就走

**买彩票也好，玩老虎机也罢，
坚持才是硬道理吗**

有人说，买彩票也好，玩老虎机也罢，坚持才是硬道理。

在游戏厅中，我们经常能听到这样的广播内容："玩老虎机最重要的就是耐心和坚持！只有耐心、肯坚持的人才能中大奖！"当然，游戏厅这样宣传自有它的目的，这里就不多说了。

的确，不管是买彩票，还是玩老虎机，从不参与肯定不可能中奖，而只有不停地参与才能不断提高中奖的概率。也就是说，只要坚持买彩票或玩老虎机，总有一天会中奖。不过，这并不是什么取胜的秘诀，而是必然的结果。然而，在现实中，坚持买彩票或玩老虎机的人大多都会赔钱。

彩票中奖的期待金额为平均每300日元只有142日元，即期待金额只占投入金额的大约47%。如果坚持买彩票，时间越长损失的金额越接近53%。

所有的赌博项目都一样，时间越长，赔钱的概率越高。要不然，赌场早就倒闭了。

日本甚至有专门研究老虎机玩法的杂志。据这种杂志讲，老虎机游戏厅中都有几台中奖概率相对较高的机器，只要找到这些老虎机，并坚持在一台上玩，赢钱的概率会大大提高。

实际上，老虎机游戏厅中是否真的存在这样的机器，还是个疑问。此外，老虎机游戏厅都有固定的营业时间，每天都到点开门到点打烊，全天营业13小时。也就是说，一个人每天最多只能在一台老虎机上连续玩13小时。13小时并不算长，无法保证我们获得期待金额。（当然，如果你每天第一个来到老虎机游戏厅，最后一个离开，才有可能连续好多天玩同一台老虎机。）

因此，正如获胜概率与资金成比例的理论所讲的，所有的赌博项目都一样，玩的时间越长，庄家或赌场老板赢钱的概率越大。

为了对抗对方的资金优势，最好的方法就是短时间内结束战斗，赢了就走。从概率学的角度来看，这才是赢钱的法宝。

假如有一天你的运气特别好，买彩票中了大奖，那么领了奖金后最好别再买彩票。只有这样才能保证你赢到的钱最多。

说到底，不参与赌博才是最聪明的做法。

概率学 助您"赌场得意"　　**赢了就跑才是赌博的制胜法宝**

买彩票也好，玩老虎机也罢，坚持才是硬道理吗？

⬇

只要坚持参与，总有一天会中奖，这是必然趋势。

⬇

不过，即使有人中奖，从总体而言还是赔钱的人居多。

⬇

实际上，参与的时间越长，赔钱的可能性越大。

⬇

赢了就跑才是制胜的法宝！

用有偏向的硬币也能公平赌博吗

我们再来说说猜硬币正反面的赌博方式。假如对方是个不可靠的家伙，你怀疑他对硬币做过手脚，担心抛硬币时会极端地偏向某一面，可是你又无法推脱和他的赌博，此时该如何是好呢？

在这种情况下，你也不必着急。即使用做过手脚的硬币，也一样可以进行公平的赌博。只要连续抛2次硬币，赌结果就好了。

例如，连续抛2次硬币，如果先出正面后出反面，算你胜；如果先出反面后出正面，算对方胜；如果2次都是正面或反面，则算平局。

如果按照这样的规则赌博，即使硬币极端偏向某一面，也不会影响赌博的公正性。

接下来，我们以具体的例子进行说明。

假设抛硬币时，做过手脚的硬币出现正面的概率为80%，出现反面的概率为20%。

连续抛2次，先出正面后出反面的概率为：

$$0.8 \times 0.2 = 0.16 = 16\%$$

先出反面后出正面的概率为：

$$0.2 \times 0.8 = 0.16 = 16\%$$

结果，这2种情况出现的概率是相同的。

我们再来算算2次全是正面的概率：

$$0.8 \times 0.8 = 0.64 = 64\%$$

2次全是反面的概率则为：

$$0.2 \times 0.2 = 0.04 = 4\%$$

由此可见，如果按照这种规则赌博，2次都出现正面的概率相当高。如此一来便可以揭穿对方的阴谋。

概率学
助您"赌场得意" **用有偏向的硬币也能公平赌博吗**

在抛硬币赌博中，即使知道对方使用做过手脚的硬币，也不必着急。

可以连续抛2次，赌结果。
（赌正反或反正。正正或反反算平局）

假设使用出现正面的概率为80%的硬币

正、反出现的概率为：$0.8 \times 0.2 = 0.16 = 16\%$
反、正出现的概率为：$0.2 \times 0.8 = 0.16 = 16\%$

这两者的概率相同，因而可以保证赌博的公正性。

运气是什么？其实，运气分两种。简单而言，当一件概率极小的事情发生在我们身上时，如果它对我们有利，就叫作好运或幸运；如果对我们不利，则叫作厄运或霉运。

例如，3位数字彩票中数字、位置全中的概率为1/1000，想中奖可没那么容易。连中2次大奖的概率为1/100万，如果真的连中两次大奖，那我们真是交了好运。反之，如果我们接连碰到概率为1/1000的坏事，那真是走了霉运。

不论是好运还是霉运，都是主观上的判断。比如连下5天雨，有人会觉得这是好运，也有人觉得这是霉运。此外，好运和霉运都是概率很低的事情，不过它确实会降临到某人的身上。即使很低的概率情况，例如100万分之1，由于人口的数量很庞大，一定会出现。

当概率很低的事情发生在自己身上时，我们会感觉似乎有某种力量在左右着自己，这就是所谓的"运气"。又比如，某件事的发生概率很低，我们平时只是有所耳闻，从没想过会发生在自己身上。可是，它就是偏偏发生在了自己身上。这个时候，我们会觉得有某种神秘的力量在左右着自己，而且这种力量只对自己起作用。

只要是能用概率表示的事情，就一定会受到大数法则的制约。假如某件事情发生的概率为1/2，只要不停地尝试，实际的概率就会越来越接近1/2。不过，虽说会越来越接近1/2，但在这个过程中，发生任何事情的可能性都是存在的。比如抛硬币时，有时会连续出现很多次正面或反面。

因此，如果尝试的次数较少，实际概率与理论概率出现较大偏离的情况是很常见的。还有一个专业术语用来表示概率的偏离，就是"方差"。

当实际概率与理论概率相差甚远时，如果觉得对自己有利，那就是好运；如果觉得对自己不利，那就是霉运。

方差正是运气的本质

好运——当不常发生的事情发生在自己身上时，如果觉得对自己有利，那就是好运。

霉运——当不常发生的事情发生在自己身上时，如果觉得对自己不利，那就是霉运。

概率很低的事情，也会发生在某人身上

⬇

当这样的事情发生在自己身上时，会感觉有种神秘的力量在左右着自己，

而且它只对自己起作用

⬇

这就是运气的本质

⬆

方差

⬆

当尝试次数较少时，实际概率与理论概率出现较大偏离的情况很常见

⬆

不断反复尝试，实际概率会越来越接近理论概率（大数法则）

运气也会有波动吗

　　赌博时，是否感觉自己的运气时好时坏呢？例如，玩老虎机的时候，有时随便一玩就中了大奖，而有时在老虎机前坐上一天，也中不了奖。再有，别人玩的时候，那台老虎机不停中奖，而自己接手之后，再也与中奖无缘了。出现这样的情况时，你是不是感觉自己的运气在不断变化呢？

　　那么，运气真的会波动吗？正如前面所讲的，当做一件事情的次数比较少的时候，很多情况下，产生相应结果的实际概率会偏离理论概率。这就是"方差"。所谓运气的波动，就是方差造成的结果。

　　抛硬币时，如果抛的次数比较少，正面和反面出现次数相等的情况远少于倾向于某一面的情况。假设抛硬币赌博时，出现正面算自己赢。如果连续出现正面，我们会暗喜自己的好运来了。然而，如果连续出现反面，则又感叹自己在走霉运。如果刚才还连续出现正面，现在却连续出现反面，我们又会感觉自己的运气变得越来越差。不过，如果继续赌下去，就会像大数法则所说的，正面或反面出现的概率会越来越接近理论概率1/2。在这一过程中，也肯定会出现方差的波动，让人感觉好像是运气发生了波动。

　　假设抛硬币赌博时，如果出现正面，我们可以赢对方100日元，而出现反面时，我们要输给对方100日元。一段时间后，很少会出现不分胜负的情况，大多都是一输一赢。

此外，还有一个奇怪的现象，那就是我们一旦进入好运状态，在相当长的时间内都不会转为霉运。反之，一旦陷入倒霉的境地，也很难转为好运。总之，处于某种运气时很难发生改变。中国有句俗话叫作"祸不单行"，说的就是这个道理。

因此，当我们陷入倒霉的境地时，重要的是不仅要保持头脑清醒，而且要果断收手，不要越陷越深。以赌博为例，如果处于霉运状态无法改变，继续赌下去只会输得精光。如果就此罢手，过段时间再赌，则有可能转为好运。因此，赌博时，一定要给自己设一个赌资的上限，一旦输掉的钱到达上限，就应该立马收手。

概率学 助您"赌场得意" 走霉运的时候要果断地收手

运气会在好运和霉运之间转换吗？

↓

当尝试的次数比较少时，实际概率与理论概率之间会出现一定的偏离

↓

这就是所谓的"方差"

↓

而且，大多数情况下，这种偏离的势头会保持一段时间

↓

一旦好运来了，就会持续一段时间；一旦走了霉运，也不容易转为好运

↓

发现自己走霉运时，要果断收手。

很多好赌之徒都相信事有吉凶。吉与凶是人们对未来将要发生的事情的一种联想与猜测。只有通过常年的经验积累，人才能凭直觉预知吉凶。

那么，吉和凶与概率之间存在什么样的关系呢？

之前，我反复讲过事情发生的概率受到大数法则的制约。尝试的次数越多，实际概率越接近理论概率，而且一件事情发生的概率是保持不变的。比如，抛硬币时，即使连续出现10次正面，也不能就此判断接下来反面出现的概率会突然增加。

大数法则的正确性毋庸置疑。不过，它的成立也需要一个前提，那就是硬币本身不存在偏向某一面的倾向。然而，在现实生活中，完全公平、不偏不倚的事物反倒比较少见。很多事情都存在偏向某一方的倾向或存在一些固有的毛病。抛硬币时，如果连续出现10次正面，这也许是因为这枚硬币本身的重量并不均匀、重心偏向于正面的缘故。

老虎机游戏厅里某台老虎机经常能中大奖，这也许也是正常的，又或者是由于老虎机的程序出现一定问题的缘故。有的妇女连生了几个女孩儿，这也许是概率上的偏离，但决定生男生女的还是父亲的基因。

即使是公正的抽签，也不能保证完全不存在某种倾向性或其他问题。

现实生活中，各种各样因素的存在让我们无法用概率理论来解释所有现实问题。对于解释不清的问题，人们会凭直觉进行预测，于是便有了吉凶的说法。即使是重量分布非常均匀的硬币，虽说绝对不存在偏向某一面的倾向，但还是可以在抛的手法上做手脚，因此对抛硬币的结果做出完全准确的判断或预测是非常有难度的。

于是，我们就要运用以不存在任何偏向为前提的概率理论，来研究某件事情的实际概率与理论概率之间的偏离程度。

概率学原本就是在暧昧的、具有偶然性的事物中尽量寻找规律性的学科，因而它本身多少也存在一定的"暧昧性"。

概率学
助您"赌
场得意"　　吉和凶也是概率的偏离

对于某件事，产生好的联想就感觉是吉，
产生不好的联想就感觉是凶

↓

事物本身不存在任何偏向，这是概率学研究的前提

↓

然而，现实生活中，完全不存在偏向的事物反倒很少

↓

实际概率与理论概率之间存在偏离

↓

偏离的部分就是吉和凶

如何才能公平分配

在前言中提到过，法国贵族默勒向数学家帕斯卡请教过关于掷骰子赌博的问题。他的问题是：如果出于某种原因，赌博不得不中途停止，那时双方如何分配赌注才算公平。我们以抛硬币为例，重现一下当时默勒说的情景。

A和B各出1000日元作为赌注，通过抛硬币进行赌博。A赌正面，B赌反面，谁先赢5次，谁就赢走那2000日元。然而，当A4胜3负的时候（也就是B3胜4负的时候），突然出现了意外情况，不得不终止赌博。此时，A和B该如何分配之前下的赌注才算公平呢？

如果只考虑2人的胜负比例，那么A和B按照4∶3的比例分配那2000日元即可。

不过，这时A说话了："如果再赢1次，我就可以把2000日元全部拿走。按照4∶3的比例分配对我不公平！"对此，帕斯卡等人做出了如下回答。

如果赌博继续进行，可能会出现以下几种情况：

[现在的状况]

A　4胜3负

B　3胜4负

[继续赌下去可能出现的情况]

正面：A以5胜3负赢得最终胜利，A获胜的概率为1/2；

　　　B以3胜5负告败。

反面：A 4胜4负 → 正面：A以5胜4负获得最终胜利，A获胜的概率为1/4；B以4胜5负告败。

B 4胜4负 → 反面：A以4胜5负告败；B以5胜4负获得最终胜利，B获胜的概率为1/4。

也就是说，如果下一次出现正面，A就获得最终胜利。如果出现反面，还未分出胜负，要再赌一次。接下来，如果出现正面，A就获得最终胜利；如果出现反面，B则获得最终胜利。

上面有两种情况都是以A获得最终胜利而告终，出现这两种情况的概率分别是1/2（正面）和1/2 × 1/2 = 1/4（先反面再正面），因而A获得最终胜利的概率为1/2 + 1/4 = 3/4。

上面有一种情况以B获得最终胜利而告终，出现这种情况的概率为1/2 × 1/2 = 1/4（先反面再反面），因而B获得最终胜利的概率为1/4。

因此，A和B应按照（3/4）：（1/4）的比例分配事先下的2000日元赌注。

$$A应分得：2000日元 \times \frac{3}{4} = 1500日元$$

$$B应分得：2000日元 \times \frac{1}{4} = 500日元$$

第五章

偶然的一致，
没什么不可思议的

我们经常听说有人打着奇迹、超能力和外星人等的幌子出来招摇撞骗，很多不明真相的人常常会上当受骗。其实，从概率学的角度来分析，这些事情都没有什么不可思议的。读过本章后，你就不会再被那些吹嘘得神乎其神的事情迷惑了，自然不会再轻易上当受骗了。

偶然的一致　连续发生两次的事情为什么还有第三次

有一次，我和客户约好第二天上午会面洽谈生意。结果，对方由于有其他重要的事情而取消了会面，我只得约他第二天上午的同一时间见面。可是，当天早晨，那位客户又打来电话，说由于时间关系不得不取消会面。就这样，客户爽约了两次。我心里就在想："如果再约他，他是不是还会爽约呢？"

和其他上班族一样，我每天都要在上班高峰时段搭乘地铁去公司。在这个时段，地铁拥挤得就像沙丁鱼罐头，根本不可能有空座。可是有一天，我的运气非常好，一上车就发现了空座。到了午饭时间，我常去一家很火的餐厅用餐，平时都得排上20多分钟才有空桌。可是那一天，一到餐厅就有空桌，真是太幸运了。

就像这样，不管是好运还是霉运常常会连续发生。就像有句俗语所说的那样，"有二必有三"。这句俗语是从经验中总结出来的，相信很多朋友都有类似的经历吧。

可是，你知道吗？其实"有二就有三"这句俗语也可以用概率学的知识来解释。

为了便于大家理解，我以抛硬币为例来进行解释。将1枚硬币连抛5次，每次出现正面或反面的概率都是1/2。在这5次中，正面与反面交替出现的情况多呢？还是连续3次以上出现同一面的情况多？凭直觉判断，似乎应该是正反面交替出现的情况多一些。然而，事实并非如此。

如下图所示，连抛5次硬币，一共可能出现32种情况。其中，连续3次以上出现同一面的情况有16种，占所有情况的半数。也就是说，连抛5次硬币，连续3次以上出现同一面的概率为50%。另一方面，正反面交替出现的情况只有2种，概率仅为6.25%。这和5次全是同一面的概率是一样的。因此，正反面交替出现的情况相对比较少。

当然，现实生活中，事情发生的概率并不都像抛硬币出现正反面一样都是1/2。不过，至少概率为1/2的事情连续发生的概率要高过交替出现的概率。

概率的证明

连抛5次硬币，会出现多少种情况
（一共32种情况）

正面、反面交替出现的情况（2种）

连续3次以上出现同一面的情况（16种）

其他情况（14种）

偶然的一致　遇到与自己生日相同的人没什么不可思议的

有一次，我去参加一个宴会。宴会一共有60人出席，其中有一人是著名的占卜师。在宴会期间，为了活跃气氛，主持人邀请他给大家露一手。只见占卜师起身，环顾了一下在场的60人，然后自信地说："在座的各位肯定有2人的生日相同。"

在场的来宾无不为之惊叹。人的生日一共有365种（不算闰年），而会场不过只有60人，这60个人中一定有2人的生日相同吗？

等60位来宾各自通报了自己的生日后，果然如占卜师预测的那样，居然有2个人的生日相同。大家都对那位占卜师佩服不已。

占卜师真能算这么准吗？

其实，那位占卜师并没有掌握什么高明的占卜术，只是懂得概率学的知识罢了。从概率学的角度来看，如果有60个人，其中有2人的生日相同的概率高达99%。因此，这60个人中肯定有2人的生日相同。于是，占卜师才敢自信地做出那个预测。

此外，我们这里所说的生日相同，是指出生月份和日期相同，不用考虑年份。再有，他只知道这60人中有2个人的生日相同，但到底是哪2位的生日相同，他也无从知晓。

尽管如此，你可能还是无法相信真的会有如此"巧合"的事情。1年有365天，生日就有365种，可是宴会上只有60人，为什么就能保证其中一定有2个人的生日相同呢？

只要计算出概率值，你马上就会相信。接下来，我就简单讲解一下计算方法。

我们先以3个人为例。3个人的生日各不相同的概率是多少呢？第一个人的生日是一年中的哪一天都无所谓；第二个人与第一个人的生日不在同一天的概率为364/365；而第三个人与前两个人生日也不在同一天的概率为363/365。因此，3个人的生日各不相同的概率为365/365 × 364/365 × 363/365。只要用1减去这一概率，就可以得到3个人中至少有两人生日相同的概率，即

$$1 - \frac{365}{365} \times \frac{364}{365} \times \frac{363}{365}$$

如果人数增加，也可以用同样的方法进行计算。顺便说一下，只要有23个人，其中至少有2个人生日相同的概率就可以达到50%。这个数字是不是很让人吃惊呢？

概率的证明 **生日相同的概率**

用1减去3个人生日各不相同的概率，就可以得到3个人中有2人的生日相同的概率。

$$1 - \frac{365}{365} \times \frac{364}{365} \times \frac{363}{365}$$

不同的人数中至少有2个人生日相同的概率值，如下表所示：

10人	15人	20人	23人	25人	30人	40人	50人	60人
12%	25%	41%	51%	57%	71%	89%	97%	99%

偶然的一致其实并不少见

很多公司每年都会举行圣诞晚会，而晚会的最后一个活动大多是交换礼物。参加者每人事先准备一份礼物，交给晚会组织者，由组织者为这些礼物编号。最后，大家通过抽签领取礼物。假如今年公司的圣诞晚会一共有100人参加，最后抽签交换礼物时，你领到的居然是自己准备的礼物。这真是太巧合了！太有戏剧性了！

出现这样情况的概率确实并不高。不过，这种所谓的"偶然的一致"发生的概率远比我们想象的高。在上面的例子中，共有100人交换礼物，其中肯定有人拿到自己准备的礼物的概率为63%。概率居然有这么高，你会不会有些吃惊呢？

概率为63%意味着很有可能会有人领到自己准备的礼物。不过，我们并不知道这个人到底是谁。

其实，只要参加人数在4人以上，这个概率就永远是63%，也就是说其中肯定有人会拿到自己准备的礼物的概率为63%。

只有4个人时，如果有人拿到自己准备的礼物，并没有什么稀奇的，这与人数太少有很大的关系。如果人数很多，发生这种情况的概率虽然高达63%，但还是会让人觉得不可思议。

再来举几个例子。在小学某个班，全班同学通过抽签的方式调换座位，有人抽到自己以前座位的概率为63%。把一副共52张的扑克牌分别发给52个人，然后再收上来，重新洗牌后再分发下去，有人2次拿到同一张牌的概率也为63%。下雨了，员工们都打着雨伞去上班，到公司后，大家都把雨伞寄存在前台。下班时，前台的工作人员会随机给每位员工发一把雨伞，其中有人拿到自己原来雨伞的概率还是63%。

由此可见，当这样的事情发生在我们自己身上，会感到不可思议。其实，这样的事情经常会发生。

概率的证明

偶然的一致其实并不少见

在圣诞晚会上交换礼物时，竟然拿到自己准备的礼物。

小学生全班通过抽签调换座位，有人可能会坐回原来的座位。

把一副共52张的扑克牌分别发给52个人，然后再收上来，重新洗牌后再分发下去，有人可能2次都拿到同一张牌。

下雨了，员工们都打着雨伞去上班，到公司后，大家都把雨伞寄存在前台。下班时，前台的工作人员会随机给每位员工发一把雨伞，结果有人可能会拿到自己原来那把雨伞。

发生上述情况的概率都是63%！

由此可见，偶然的一致并不少见。

开会时为什么会被社长反复点名

公司经常召集高层管理人员开会，而且每次会议都由社长亲自主持。有一天，社长又召集了20名高管开会。在会议过程中，社长不时会请在座的管理人员发言，听取他们的意见。在2小时的会议中，社长先后会请10个人发表意见。究竟谁会被点名，与会者都很关注。如果社长反复点一个人的名，就说明社长很器重他。

在会议中，没被社长点名的人会认为社长不喜欢自己，因而感到沮丧，而被社长反复点名的人也许不久就要高升了。

假设社长根本没有任何私心，每次请人发言都是随机点名，那么同一个人被反复点名的概率有多大呢？这里所说的反复点名指点名次数在2次或2次以上。

为了计算同一个人被反复点名的概率，我们先要计算出社长10次中每次都点不同人的概率。用1减去这一概率，就可以得到同一个人被反复点名的概率。

$$\frac{20}{20} \times \frac{19}{20} \times \frac{18}{20} \times \frac{17}{20} \times \cdots\cdots \times \frac{11}{20} \approx 0.065$$

$$1 - 0.065 = 0.935 = 93.5\%$$

因此，同一个人被反复点名的概率为93.5%。

由此可见，只要不是社长有意分别请10个人发表意见，即使随机点名，10次中每次都点到不同人的概率非常低。也就是说同一个人反复被点名的概率反倒非常高。

如果社长既没有故意点自己器重的人选，也没有刻意每次都点不同的人，而是随机点名的话，一个人被重复点名的可能性非常大。

概率的证明

一个人被反复点名的概率与 10 次点 10 个人的概率

在会议中，一个人被社长反复点名发言，就说明社长器重他吗？

假设除社长之外的与会者一共有20名，在整个会议过程中，如果社长不带任何私心地随机点10次名，这10次中某一个人被反复点名的概率有多大？

$$\frac{20}{20} \times \frac{19}{20} \times \frac{18}{20} \times \frac{17}{20} \times \cdots\cdots \times \frac{11}{20} \approx 0.065$$

$$1 - 0.065 = 0.935 = 93.5\%$$

因此，这10次点名中，某一个人被反复点名的概率高达93.5%。

10次点了10个不同的人的概率仅为6.5%，由此可见，出现这种情况的可能性非常小。

偶然的一致　朋友的朋友，都是朋友吗

最近，网上非常流行一种"交友博客"。在网上建立自己的博客后，就可以通过公开日记、分享照片等方式寻找志趣相投的朋友，而且还可以和朋友在博客上交换意见。

在日本，第一个提供这种网络服务的网站名叫"mixi"。如今，"mixi"在同类网站中拥有最多的注册用户。只要在"mixi"成功注册，就可以拥有自己的博客主页。在那里，不仅可以发表文章、公开日记，还可以把好的照片、视频和音乐与大家分享。此外，网友还可以访问博客，自由发表评论或留言。

假设访问我们博客的人都算朋友，而且他们不会重复访问。假设1个人的博客有50个人访问，那么朋友的朋友有50 × 50 = 2500人；朋友的朋友的朋友有50 × 50 × 50 = 125000人；朋友的朋友的朋友的朋友则有50 × 50 × 50 × 50 = 625万人。

由此可见，通过4层朋友关系，朋友总数就可以扩张到625万人，这相当于涵盖了"mixi"网站的所有注册会员。通过5层朋友关系，朋友总数将多达3亿1250万人，轻而易举就突破了日本的总人口数。不过，在现实中，网友们会重复访问，因而实际人数并没有我们之前在一定的假设条件下计算出来的多，但也用不了几层关系就能涵盖"mixi"网站的所有注册会员。

如果换到现实世界中，假设每个人从出生到现在，一共认识500个人，那么朋友的朋友一共会有25万人。朋友的朋友的朋友就可以达到1亿2500万人，这相当于日本全国的总人口数。

为了便于计算，我们假设日本的总人口数为1亿，现在来计算一下初次见面的人可能是自己朋友的朋友的朋友的概率是多少（首先要计算出自己认识的500人与对方认识的500人互不认识的概率，再用1减去这个概率就可以得到要求的概率）。最后的计算结果为70%。也就是说，如果每个日本人都认识500个朋友（也是日本人）的话，第一次见面的人有70%的可能是自己朋友的朋友的朋友。

如果每个人都认识1000个人，第一次见面的人则有99%的可能是自己朋友的朋友的朋友。

你也许经常参加朋友的婚礼。在婚礼上，我们经常发现新郎一方和新娘一方的朋友好多人都互相认识。

概率的证明

朋友的朋友，都是朋友吗

假设每个人都有50个朋友，而且朋友之间互不重复，那么，

朋友的朋友	➡ 50×50=2500人
朋友的朋友的朋友	➡ 50×50×50= 125000人
朋友的朋友的朋友的朋友	➡ 50×50×50×50=625万人
朋友的朋友的朋友的朋友的朋友	➡ 3亿1250万人

| 朋友的朋友 | ➡ 500×500=25万人 |
| 朋友的朋友的朋友 | ➡ 500×500×500=1亿2500万人 |

⬇

第一次见面的人可能是自己朋友的朋友的朋友的概率约为70%

预测数字彩票的中奖号码

有一天，你的手机突然收到这样的短信：

第一条短信

✉ //

标题：准确预测4位数字彩票的中奖号码！

我公司长期从事数字彩票的研究与中奖号码的预测，从中我们发现了中奖号码中存在一定的规律。利用这一规律，我们已经成功预测出多期4位数字彩票的中奖号码。突然收到这样的短信，你也许不会马上相信我们。为了证明我们公司的实力，我将告诉你下期中奖号码的最后一位数字。

"下一期4位数字彩票中奖号码的最后一位数字是'6'。"

等到下期彩票开奖时，你就会相信我们的实力了。

在充斥着垃圾短信的年代，看到这样的短信，你一定会不以为然，认为不过是收到了一条讨厌的垃圾短信，看看也就罢了。过了几天，当你还和往常一样边吃早餐边看报纸的时候，不经意间看到了彩票中奖信息一栏，这让你想起了那条垃圾短信。出于好奇，你看了一下报纸上公布的本期彩票中奖号码，结果发现是"7、2、4、6"。最后一位数字居然是"6"！和短信中预测的完全一致！

此时，你多少会有些吃惊，但不过认为那只是偶然蒙对的，仍然不太相信那条短信。猜中最后一位数字的概率只有1/10，可是哪有这么容易就预测准的？此时，你的手机又收到了第二条短信。

第二条短信

标题：准确预测4位数字彩票的中奖号码！

上次我们成功预测出4位数字彩票中奖号码的最后一位数字，你确认过了吧？也许你仍然不相信我们，认为那纯属巧合。为了博得你的信任，我们将再做一次预测。

"下一期4位数字彩票中奖号码的最后一位数字是'1'。"

请你再次确认我们预测的准确性。

等到下一期彩票开奖时，你一看中奖号码是"3、5、9、1"，最后一位是"1"，果然又被他们预测准了。

此时，你对他们的预测能力开始信以为真了。毕竟连续2次猜对末位中奖号码的概率只有1/100啊！

正在你纳闷儿之际，短信又来了。

第三条短信

标题：准确预测4位数字彩票的中奖号码！

前几天，给你发送的第二次预测的末位中奖数字又中了，你确认过了吗？我们已经连续2次准确预测了。如果你还觉得这只是偶然，那我们再来预测一次。

"下一期4位数字彩票中奖号码的最后一位数字是'7'。"

和前两次一样，请你确认我们预测的准确性。

你满怀期待地盼望着下一个开奖日的到来。等到了开奖那天，你早早就买来报纸，结果发现新一期的中奖号码为"8、0、2、7"，末位数字果然是"7"！又中了！可是，连续3次猜对末位数字的概率只有1/1000啊！

此时，你对那些短信已经完全信服了，真的以为发短信的人研究出了中奖号码中存在的规律。

你相信他们真的能准确预测出中奖号码。

就在这时，第四条短信来了。

✉ 第四条短信

标题：准确预测4位数字彩票的中奖号码！

怎么样？我们已经连续3次成功预测出中奖号码的末位数字，现在你该相信我们的实力了吧？这3次发给你的都是预测出的末位号码。其实，正如发给你的第一条短信中所说的，我们通过长期研究发现了中奖号码中存在的规律，能够准确预测出未来的中奖号码。对我们而言，准确预测出4位数字彩票的全部中奖号码绝非难事。

接下来，我们将预测今后5期彩票的中奖号码。如果你感兴趣，请向本公司指定的账户汇入98万日元。当我们确认收到你的汇款后，会随即向您发送今后5期彩票的中奖号码。

此时，你的大脑在飞速盘算："4位数字彩票平均的中奖金额为90万日元，连续中5次那就是450万日元。花98万日元买5期中奖号码，最后净赚352万日元，岂不美哉？"

谁知，你已经中了他们的圈套……

●彩票预测中的骗局

如果是你收到了这样的短信，会怎么办呢？我想，你一定能识破这个骗局。数字彩票的中奖号码根本无法进行预测。那么，骗子到底是通过什么方法准确预测出中奖号码的末位数字的呢？

其实，骗子的骗术很简单。骗子不仅掌握了大量的手机号码，还拥有可以群发短信的设备。

4位数字彩票中奖号码的末位数字，无非是0~9这10个数字中的1个。假设骗子向1000名手机用户群发短信，他可以把0~9这10个数字分别发给100个人。结果，这1000个人中肯定有100人收到的是"准确预测"的数字。

然后，再向这100人发送第二条短信。这一次，要把0~9这10个数字分别发给10个人。结果，这100人中肯定有10个人收到的是"准确预测"的数字。到此为止，这10个人已经连续2次收到"准确预测"的末位数字了。

接下来，再向这10个人发送第三条短信。将0~9这10个数字分别发给这10个人。结果，这10个人中肯定有1个人会收到"准确预测"的数字。至此，这个人已经连续3次收到"预测准确"的末位数字了。在这种情况下，大多数人都会信以为真。

最后，骗子会再给这个人发第四条短信，骗他说只要汇出98万日元就可以获得今后5期彩票的中奖号码。贪心的人可能就会掉进骗子精心设计的陷阱。

在上面举的例子中，我们只假设骗子最初只给1000个人发送了短信。实际上，最初收到短信的人数越多，最后连续3次都收到"预测准确"的末位数字的人数也越多。假设最初骗子把第一条短信发给了10万人，那么最后连续3次都收到"预测准确"的末位数字的人就多达100人。

其实，骗子的漏洞很多，只是很多人都被贪婪蒙蔽了双眼。如果冷静想一想就会发现其中的问题。假如发短信的人真能预测出彩票的中奖号码，自己买彩票岂不是更赚钱？何必还要费心费力地把中奖号码与别人分享呢？这不是很荒唐吗？

概率的证明　彩票预测中的骗局

如何连续3次都能"准确预测"出4位数字彩票的末位中奖数字？

第一条短信

把0~9中的每个数字分别发给1000个人，总共有1000个人会收到短信。其中肯定有100人收到的是"准确预测"的数字。
接下来用同样的方法再"预测"两次。

预测数字	发送人数（合计1000人）
0	100人
1	100人
2	100人
3	100人
4	100人
5	100人
6	100人（收到"准确预测"的数字，再向他们发送第二条短信）
7	100人
8	100人
9	100人

接下来用同样的方法再"预测"2次。

准确率为98%的安全检查，可信度有多高

最近，日本一家知名电梯厂商生产的电梯出了事故，一时间成为热议的话题。为此，日本政府的相关部门要求对全国的电梯进行一次彻底的安全检查。

接下来说说我们要讨论的话题。假设检查的准确率为98%，那么此次检查的可信度有多高呢？这里所说的可信度是指可以放心使用的程度。

结果，检查人员检查后怀疑我所住的公寓电梯可能存在安全隐患。在彻底检查确认是否安全之前，电梯被迫停用。一听到准确率为98%，我们一般会认为应该可以放心。实际上，如果检查对象的数量很大，即使准确率高达98%，也没那么可靠。

假设10 000台电梯中有50台确实存在故障。如果进行准确率为98%的检查，实际有故障的50台电梯经过检查后，会得到这样的结果：50 × 0.98 = 49台有故障，50 × 2% = 1台无故障。由此可见，准确率为98%的安全检查，可能会在50台故障电梯中漏掉1台。

换一个角度来看，安全检查的准确概率为98%，就是允许出现2%的差错。因此，这个准确度的检查会从9950台正常的电梯中检查出9950 × 2% = 199台电梯可能存在故障。

综合起来看，在10 000台电梯中，本来只有50台确实存在故障，但是经过准确率为98%的安全检查后，一共会查出可能存在故障的电梯共计49 + 199 = 248台，即实际存在故障的电梯约占检查出可能存在故障电梯总数的20%。

因此，如果检查后发现所住的公寓的电梯可能存在安全隐患，你也不必过于紧张。电梯真正存在故障的可能只有20%，还有80%的可能是安全的。

在上面的例子中，如果有一台真正存在故障的电梯被漏掉了，这才是最致命的。因此，进行准确率为98%的安全检查并不能一次就保证"安全"，最好反复检查几次。不过，不要忘记这只是我们假设的情况。

概率的 证 明 准确率为98%的安全检查，可信度有多高

假设在10 000台电梯中，有50台确实存在故障。

实施准确率为98%的安全检查

有故障的50台 × 98% = 49台——有可能存在故障

有故障的50台 × 2% = 1台——不存在故障

正常的9950台 × 2% = 199台——有可能存在故障

正常的9950台 × 98% = 9751台——不存在故障

有可能存在故障的电梯为 49 + 199 = 248台

实际有故障的为49台（占20%）

没有故障的为199台（占80%）

偶然的一致　什么才算是奇迹

　　在我们的印象中，奇迹是一种可望而不可及的事情。那么，发生概率有多微小才算得上是奇迹呢？以前，我们都是根据经验或凭借感觉来理解奇迹的。现在，我要从概率学的角度解释奇迹的含义。请大家不要误会，我并非要给奇迹设定一个概率的分界线，不会说高于分界线就不算奇迹，而只有低于分界线才算奇迹。

　　首先，我们先来看看常见的扑克牌魔术。其实，大家都知道魔术中是有"把戏"的。尽管如此，魔术师表演时，我们还是会看得很入迷，感觉很多不可思议的地方简直是"奇迹"。且不说魔术，从除去大小王的52张牌中随机抽出一张，如果抽出的牌恰好是自己事先预想的牌，我们也会感觉出现了奇迹。其实，出现这种情况的概率为1/52。

　　抛硬币时，连续出现6次正面或反面的概率为1/64，这比抽中扑克牌的概率还低一些。连续出现10次正面或反面的概率为1/1024。再有，3位数字彩票中数字、位置全中的概率为1/1000，这和抛硬币连续出现10次正面或反面的概率相差不多。

　　2006年5月，在日本高知市的高知赛马场举行的一场赛马中，出场的7匹马到达终点的顺序恰巧和它们的编号相同，即第一名为1号马，第二名为2号马……第七名为7号马。出现这种情况的概率是1/5040。

　　此外，同年7月，同样是在高知赛马场，有一场比赛中7匹马到达终点的顺序又恰巧和它们的编号相反，即第一名为7号马，第二名为6号马……第七名为1号马。出现这种情况的概率也是1/5040。

乘坐地铁的时候，站在自己右侧的人与自己生日相同的概率是1/365。如果左右两侧的人都和自己的生日相同，出现这种情况的概率则是1/133225。

4位数字彩票中数字、位置全中的概率为1/10000。迷你乐透一等奖的中奖概率为1/169911，而乐透六的一等奖中奖概率为1/6096454。

日本超级彩票一等奖的中奖概率为1/1000万。如果每次买一注3位数字彩票，连续2期中大奖的概率为1/100万。如果每次买一注4位数字彩票，连续2期中大奖的概率为1/1亿。

此外，某人从10层楼上坠下，却没有死；在海上或山里被困数日，最终获救；梦里出现的事情变成了现实；正在想某人时，就接到他打来的电话……这些都是概率比较低的事情，它们符合一种叫作"泊松分布"的特殊概率分布。

概率的证明 **什么才算是奇迹**

从52张扑克牌中抽中自己想要的牌的概率为→1/52

抛硬币时，连续10次出现正面的概率为→1/1024

3位数字彩票中数字、位置全中的概率为→1/1000

7匹马赛跑时名次与马号一致的概率为→1/5040

●全世界每天60个人会遇到奇迹?

首先，我们假设奇迹是概率为1/1亿的事情，这可是一个相当小的概率。即便如此，如果日本每天都有一个人遇到奇迹，也不用大惊小怪，那是因为日本的总人口就有1亿2000多万。

从全世界范围来看，目前世界的总人口为60多亿，那么每天就有60多人会遇到概率为1/1亿的"奇迹"。即使是概率只有1/60亿的事情，也会被地球上的某个人撞上。

大多数人都认为所谓的"奇迹"是不会发生在自己身上的。实际上，"奇迹"降临在任何人身上的可能性都是一样的。你也许从没想过，世界上的每一个人其实都在经历一个概率只有1/60亿的事情，即我们每个人都正在以自己独一无二的方式生活着，这难道不是一个非常伟大的奇迹吗?

世界上没有哪两个人的生活方式或生活经历是相同的。不仅如此，人的染色体也是独一无二的。我们从父亲和母亲身上各获得一半染色体，才形成了我们自己。

人的染色体一共有46条，其中23条来自父亲，另外23条来自母亲。来自父母的相同功能的染色体两两成一组，一共形成23组。在这个世界上，每个人染色体的组合方式都是独一无二的，因此可以说每个人的染色体组合的概率都是1/60亿。

我们的父亲和母亲也是从他们的父母那里获得遗传基因的。父亲的精子和母亲的卵子都是由46条染色体分裂为23条后形成的。然而，父亲的精子和母亲的卵子中的23条染色体又分别来自他们的父母，是随机组合后形成的。

因此，一个精子或一个卵子中的23条染色体的组合方式就有2的23次方之多，即约有840万种。那么，当精子和卵子结合形成受精卵后，染色体的组合方式可达840万×840万≈70兆种。此外，精子和卵子在形成过程中，具有相同功能的遗传基因会进行替换。因此，可以说受精卵中染色体的组合方式可谓不计其数。

由此可见，你是作为独一无二的个体降临到这个世界上的，这本身就是一个奇迹。过去绝对没有遗传基因和你完全相同的人，今后也不会有。

概率的证明 **全世界每天有60个人会遇到奇迹？**

假设奇迹发生的概率为1/1亿

全日本每天有1个人会遇到奇迹

全世界每天有60个人会遇到奇迹

其实，每个人都是一个奇迹

在这个世界上，每个人都是独一无二的，这本身就是一个奇迹

据最保守的估算，这个概率约为1/70兆

实际上，人类的染色体组合方式接近无限种

我们每个人都是这个世界上的Only One

你也可以拥有超能力

所谓超能力又叫特异功能，世界上真有人拥有超能力吗？我们暂时先不讨论这个问题。即使没有超能力，只要稍稍使些手段，也能以假乱真。想知道具体的方法吗？如果是我，我会事先大肆进行宣传，然后再通过电视直播。利用这个方法，任何人都可以被塑造成拥有超能力的人。

比如，我想利用"超能力"这个噱头让自己出名。我会请电视台为我做一个现场直播的节目，节目的名字就叫"具有神奇力量的男人——包治百病"或"通过现场直播为电视机前的观众治病"。叫什么名字其实都无所谓，最重要的是能吸引人的注意。在节目播出前，要大肆进行宣传，尽量吸引更多的观众收看这个节目。

假如事前的宣传做得很到位，吸引到1000万观众收看我的节目。在镜头前，我会装出一副拥有特异功能的神秘模样，对着电视机前的观众说：

"接下来，我将在大家面前发功，这是一种很强的能量场。如果你的身体有所不适或长期饱受慢性病的困扰，哪怕只是头疼脑热和腰酸背痛，都可以被我治好。首先，请你到电视机前面来，闭上双眼，将注意力集中到病痛部位，然后准备接收我发出的能量。只要你能做到心无杂念，就可以接收到我发出的能量，你的病痛也会随之消失。"

最后，我把双手向前伸出，好像真有什么能量从我手中释放出来一样，与此同时，嘴里还大喊：

"请大家接功！接收我发出的能量！"

我要将所谓的"发功"姿势保持几分钟。

医药公司在开发新药时，必须进行实验，即请接受实验的患者服用新开发的药物并观察治疗效果。不过，接受实验的患者会在不知情的情况下被分成两组，其中一组服用新开发的药物，为了进行对比，另外一组只服用没有任何效用的"假药"（这种"假药"虽然没有任何效用，但不会产生副作用）。结果，服用"假药"的一组患者中也有人痊愈了。

其实，我们人体本身就有自我治疗的能力。服用"假药"的患者并不知道自己吃的是"假药"，而是可以治愈疾病的良药。在这种心理暗示下，患者真有可能痊愈或病情出现好转。

我通过电视现场直播为观众治病的节目也可以产生类似的效果。

看了我的节目后，假设每10 000个人中有1人的病症有所改善（概率为0.01%），那么1000万人中就有1000人感觉病情出现了好转。这1000人会因此认为我确实拥有超能力。

节目中还会设置一个环节，那就是请感觉有疗效的观众打电话到电视台报告情况。假如认为我拥有超能力的那1000人中有10%的人打来电话，那么短短的节目时间内就会有100个人打进电话来。

结果，主持人也会帮我摇旗呐喊："现在，来自全国各地的治愈者已经纷纷把电话打进直播室报喜了！"于是，本来抱着怀疑态度的观众一下子就成了我的"粉丝"，而我在他们心中便成为拥有超能力的人。

像这样，针对的对象数量越大，越容易制造出奇迹。

概率的证明　您也可以拥有超能力

制造超能力者的方法

> 事先大肆宣传自己拥有超能力，比如"具有神奇力量的男人——包治百病"等

⬇

> 拍摄现场直播的节目

⬇

> 现在表演"发功"治病

⬇

> 由于"假药"的心理效果，1000万观众中有1000人产生了病症有所改善的错觉

⬇

> 这1000人中有100人会给电视台打来电话报告治愈的消息

⬇

> 此时，原来持有怀疑态度或半信半疑的观众已经完全相信我了

⬇

> 我把自己塑造成了一个超能力者

果真存在外星人吗

2005年，英国科幻小说大师H.G.威尔斯的名著《世界大战》被再次搬上了银幕，主演是好莱坞著名影星汤姆·克鲁斯。影片讲述的是火星人侵略地球的故事，实际上，科学家通过探测已经确定火星上并不存在有智慧的生命。不过，如果把范围扩大到整个宇宙，是否有外星人存在呢？确切地说，是否有和我们人类一样有智慧的生命体存在呢？

关于外星人是否存在，有一个著名的公式。这个公式被称为"德雷克方程式"，后来又被称为"绿岸公式"。它是由美国天体物理学家弗兰克·德雷克在绿岸镇提出的，故而得名。

利用这个公式可以估算出银河系中有多少个星球居住着和我们人类一样有智慧的生命体。这个公式其实是将以下7个要素相乘求积。

德雷克方程式

- ·银河系每年诞生的恒星的数量；
- ·该恒星拥有行星的概率；
- ·其中具备生命诞生条件的行星的数量；
- ·生命诞生的概率；
- ·该生命进化成有智慧的生命体的概率；
- ·拥有与其他星球进行通信的技术的概率；
- ·该技术文明能够存在的时间。

然而，每个要素目前都还没有具体的数值。代入的数值不同，结果也会大相径庭。

假如银河系中一共有1000亿颗行星，其中具备生命诞生条件的占1/1000，然而这些星球中，实际上只有1/100诞生出了生命。这么算下来银河系中约有100万颗行星存在生命。

然而，即使这100万颗行星上的生命体都已进化为我们人类这样高级的生命体，而且还掌握着与其他星球进行通信的技术，我们和外星人相遇的概率还是很低。

虽然我们与外星人相遇的机会不大，但是在宇宙的某个地方存在和人类一样有智慧的生命体的概率却相当高。

概率的证明 存在外星人的概率

在银河系中存在像人类一样有智慧的生命体的行星就有100万颗

然而，这些外星人与我们相遇的概率非常低

● 即使真有外星人，我们也很难遇见吗

在银河系中，存在和我们人类一样有智慧的生命体的行星就有100万颗。即使这100万颗行星均匀地分布在银河系中，其中距离最近的行星离地球也有500光年。这就是说，以光的速度行进，从地球要走500年才能到达该行星。此外，除了距离上的阻碍外，生命体的存在时间上也有差异。

所谓存在时间上的差异是指其他星球上有智慧的生命体与我们认为在掌握高度发达技术的时间段上存在时间差。更何况，我们人类目前还不知道如何将现有的技术和文明维持到永远。

纵观宇宙诞生以来的150亿年，人类的出现不过是最近数百万年的事情，而人类掌握高度发达的技术又不过是近几百年的事情。在漫长的宇宙历史长河中，这无异于星光一闪。即使其他星球上也存在有智慧的生命体，也许它们在人类诞生之前就已经灭绝，或者在人类灭绝之后才诞生。

有智慧的生命体在同一时期具有高度发达的技术的概率是很低的，而在不同时期发展到高度发达的技术水平的概率相对较高。即使非常巧合，我们人类与其他星球上的某种有智慧的生命体同时掌握了高度发达的技术，但也会由于距离上的阻碍而难以相见。如果有一天我们真的收到了来自外星人的信息，那也是他们在500年前发出的。如果我们回信了，也只能等500年后才能到达外星人所在的星球。

现在，世界各国都试图捕捉外星人向宇宙中发送的电波。可是遗憾的是，到目前为止，尚未出现捕捉到外星人电波的报告。

即使万一我们真的有幸捕捉到了外星人发出的信息，证明了外星人的存在，但介于空间和时间的阻碍，还是很难与他们相见。目前，我们人类还没有掌握跨越时间和500光年距离的技术。当然，如果外星人掌握了这种技术，那就另当别论了。

小说和电影中描写的外星人大多对我们的地球很感兴趣，不知道真实的外星人是否也如此？如果某个星球的外星人对地球很感兴趣，而且还掌握了穿越时空的技术，那么总有一天我们会和他们见面的。

此外，小说和电影中常把外星人描写为攻击地球的侵略者。如果真是这样，我们人类根本没有获胜的希望。不过，如果外星人已经具有到达地球的高度发达的技术，我想他们也不太可能进行侵略战争。不喜欢战争才是他们生存下来的原因，否则外星人早就灭绝了，怎么可能让技术发展到很高的水平呢？

总之，还是先不管外星人是否会侵略我们，等真正遇到他们的时候再担心吧。

概率的证明　**即使存在外星人，我们也很难遇见吗**

假如银河系中约有100万颗行星上存在有智慧的生命体

⬇

假设这些行星均匀地分布在银河系中，其中距离地球最近的行星离地球也有500光年

⬇

而且，高度发达的文明在时间上一致的概率也微乎其微

⬇

距离与存在时间上的差距都使我们与外星人相见的可能性非常低

　　说完外星人，我们来聊一聊幽灵。世间是否存在幽灵，这一直是人们争论不休的话题，有人这样认为：

　　"关于幽灵，只有存在和不存在两种可能，因此存在和不存在的概率都是1/2。"

　　你认为这种说法正确吗？

　　如果幽灵存在的概率为1/2，2个人中就应该有1个人见过幽灵。实际上，我们周围很少有人声称自己见过幽灵。当然，我也没有见过。乍一听会认同幽灵存在的概率为1/2，但仔细分析一下就知道，这种说法其实是错误的。

　　硬币只有正反两面，正面或反面出现的概率都为1/2，于是便有人认为幽灵存在与不存在的概率也都为1/2。不过，持这种看法的人忽略了一点，那就是幽灵的存在与否与硬币只有正反两面是两回事。

　　硬币不存在偏向，正面和反面出现的概率一样大，而幽灵的存在与否完全不符合这一前提条件。

　　实际上，幽灵不存在的概率远远高于存在的概率。也就是说，存在与不存在两者的概率并不均等，而是严重偏向其中一方。如果非要说幽灵存在与不存在的概率都为1/2，这就像说骰子中的3点只有出现与不出现两种情况一样，因此就断言掷骰子出现3点的概率为1/2是非常荒谬的。

　　实际上，掷骰子出现3点的概率为1/6，而不出现3点的概率为5/6。不出现的概率是出现概率的5倍。再打个比方，如果说明天的天气只有"下雨"或"不下雨"两种可能，因此就断定明天下雨的概率为1/2，这种想法是不是很荒谬呢？

尽管如此，我们想证明世间不存在幽灵也不容易。与证明某种事物存在相比，证明其不存在更有难度。要想证明某种事物的存在，只要找到一个证据即可，而想证明某种事物不存在就没那么简单了。

因此，只要无法彻底证明其不存在，只能认为它"可能存在"。世间很多事物都处于这种"可能存在"的暧昧状态。

概率的证明　幽灵存在的概率是1/2吗

硬币只有正反两面，

⬇

因此，出现正面的概率为1/2。

⬇

幽灵也只有存在或不存在两种可能。

⬇

因此，幽灵存在的概率也为1/2？

⬇

幽灵存在与不存在的可能性并不均等，因此说幽灵存在的概率为1/2是错误的。

⬇

掷骰子时，3点只有出现和不出现两种可能，因此说3点出现的概率也是1/2？

⬇

这种想法也是错误的。其实，3点出现的概率为1/6，而不出现的概率为5/6。

参考文献

《有趣的概率学》 野口哲典
（Index Communications，2002年）

《有趣的统计学》 野口哲典
（Index Communications，2004年）

《有趣的数学练习题》 野口哲典
（Index Communications，2003年）

《概率的作用》 大村平
（日科技连，1968年）

《图解杂学——概率》 今野纪雄
（Natsume社，1999年）

《献给"数学白痴"》 约翰·阿兰·帕乌罗斯
（草思社，1990年）

《偶然的概率》 阿米尔·D.阿克塞尔
（Artist House，2005年）

《好用！概率学的思维方式》 小岛宽之
（Tikuma新书，2005年）

《离散数学入门》 秋山仁/罗纳尔多·L.格雷姆
（朝仓书店，1996年）

《通吃的数学》 秋山仁
（KK畅销书，1994年）

《概率学使人生变得幸福》 野崎昭弘
（Natsume社，2005年）

《只要刮风，卖水桶的就可以多赚0.8%？！》 丸山健夫
（PHP新书，2006年）

《月亮的法则》 谷冈一郎
（PHP新书，1997年）

《魅力老师教你数学·概率学》 麻生雅久
（PHP研究所，2006年）

《窨井盖为什么是圆的？》 中村义作
（日本经济新闻社，1984年）

《使用时间的100种最强方法》 宫崎伸治
（PHP文库，2003年）

《成年人大脑体操》 逢泽明
（PHP文库，2002年）

《加速成功》 道幸武久
（Sunmark出版社，2004年）

财团法人日本彩票协会的网址 http://www.takarakuji.nippon-net.ne.jp/